aprende a dibujar

101 COSAS SÚPER LINDAS

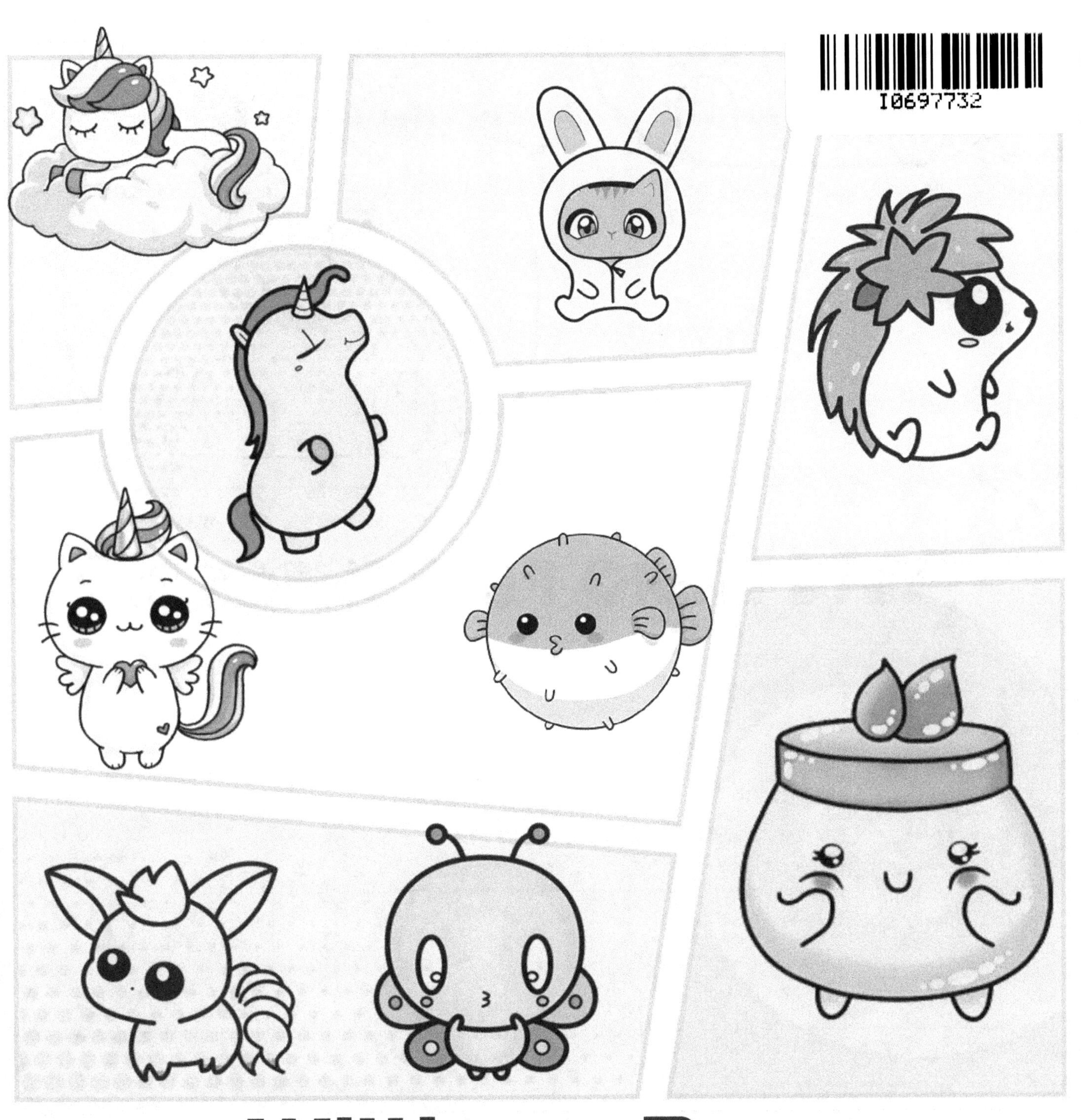

Williams Press

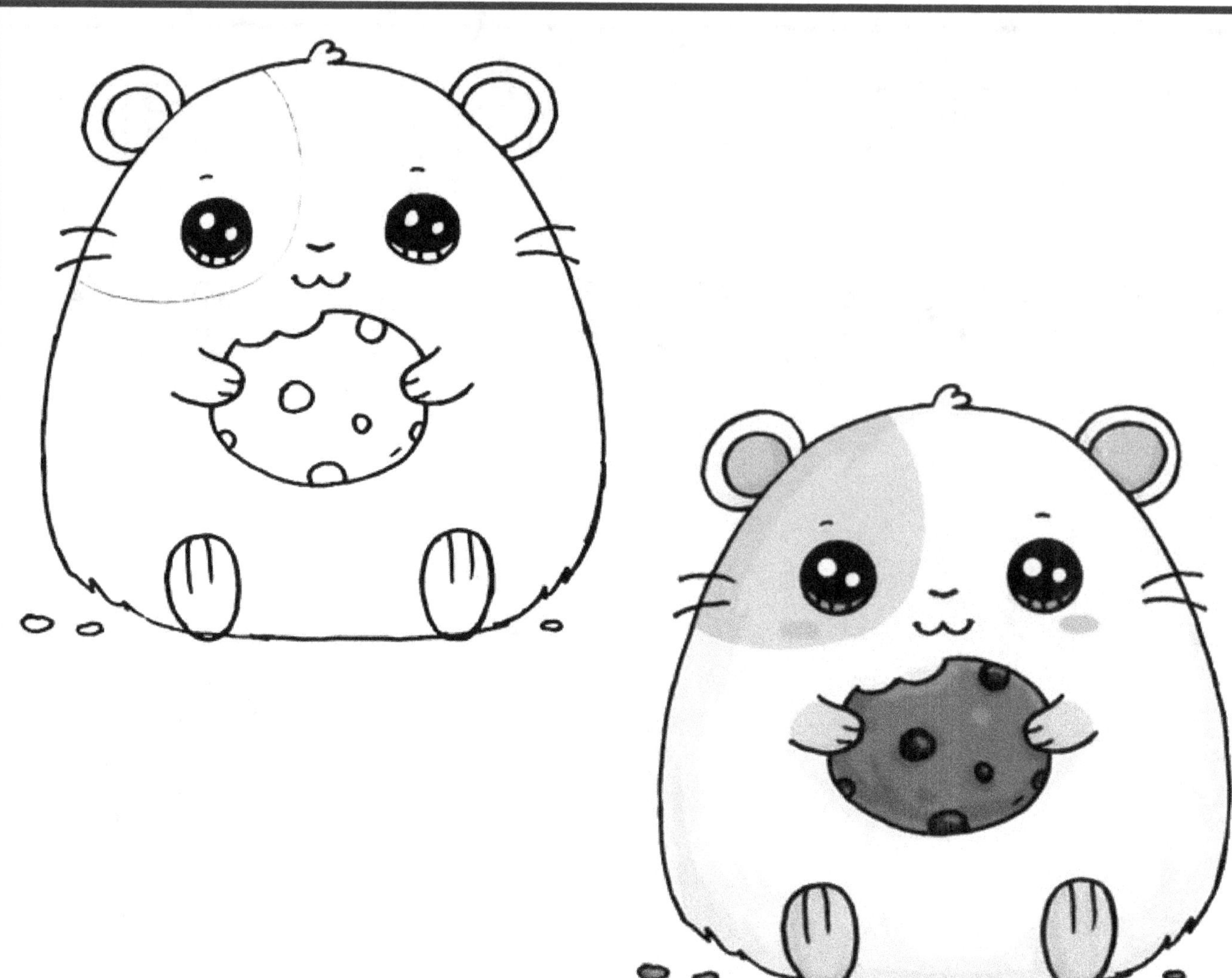

ESTE LIBRO PERTENECE A

....

....

101 COSAS SÚPER LINDAS

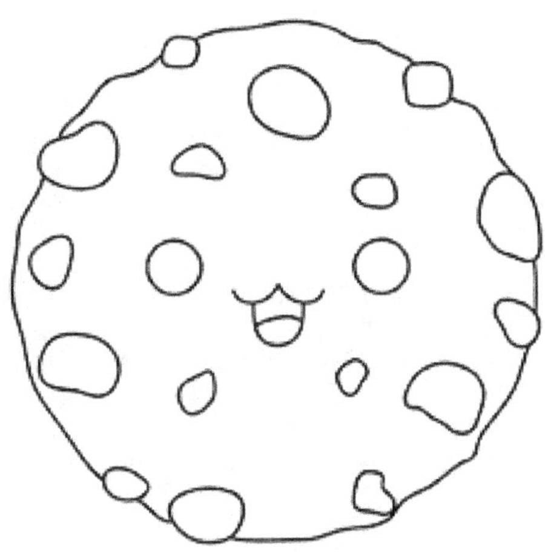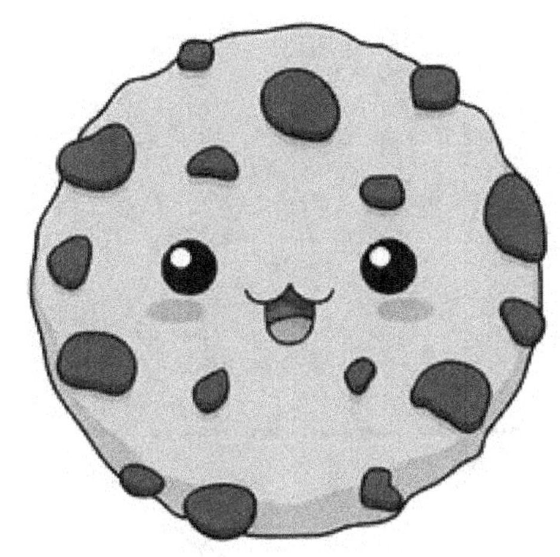

Como usar este libro, Todo lo que necesitas para empezar es una hoja de papel, un lápiz y una goma de borrar, pero siéntete libre de utilizar cualquier herramienta que quieras para dibujar los personajes.

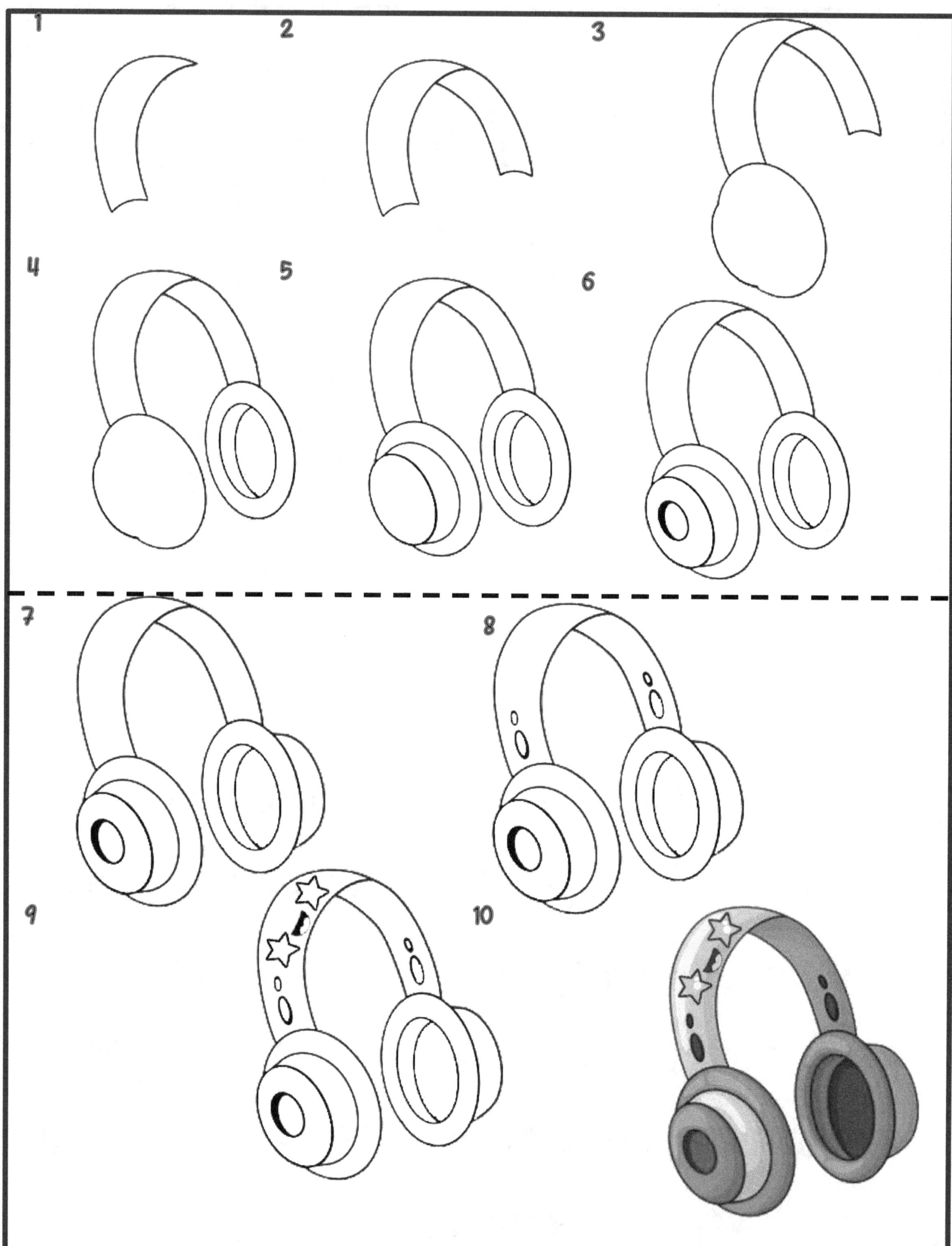

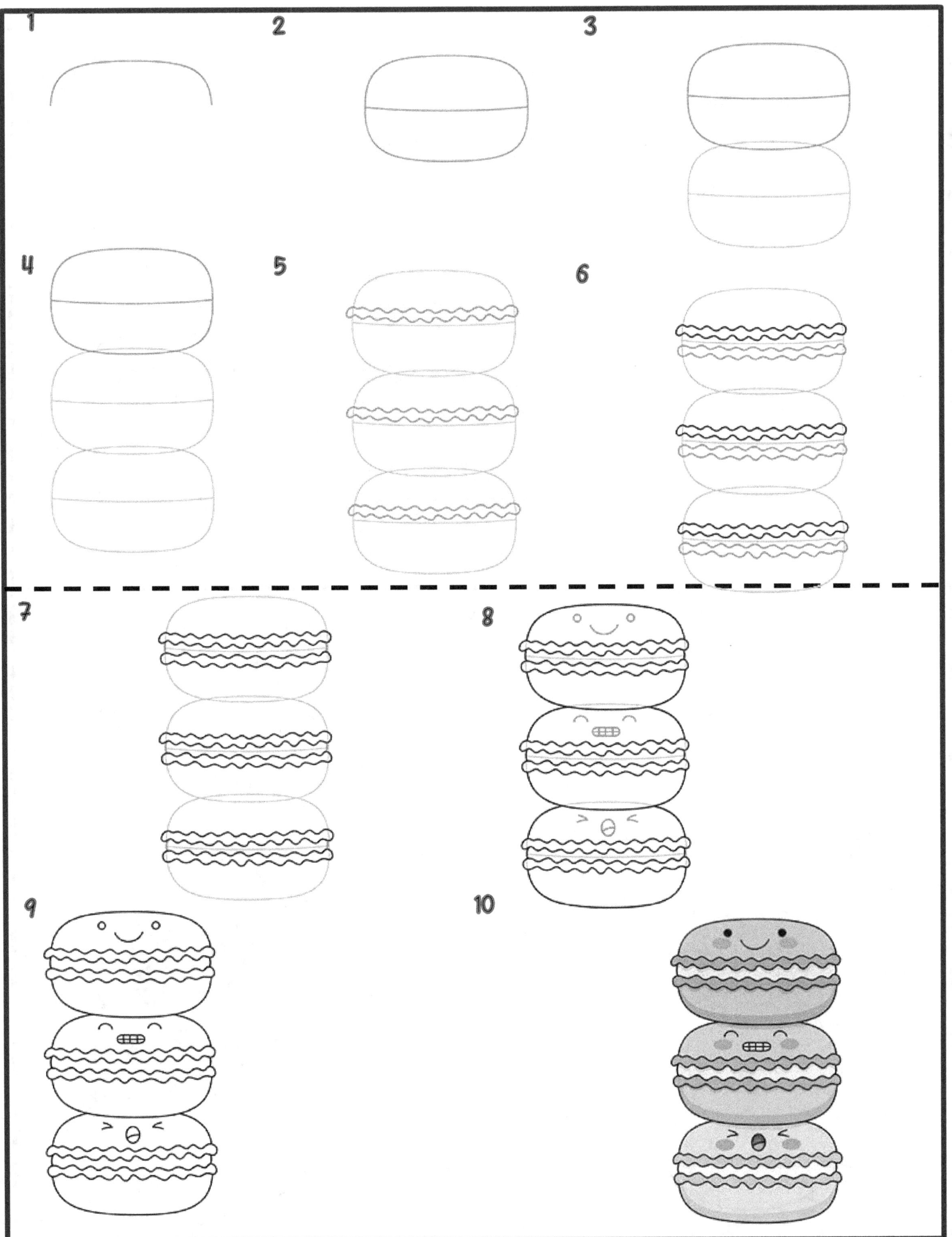

1
2
3
4
5
6
7
8
9
10

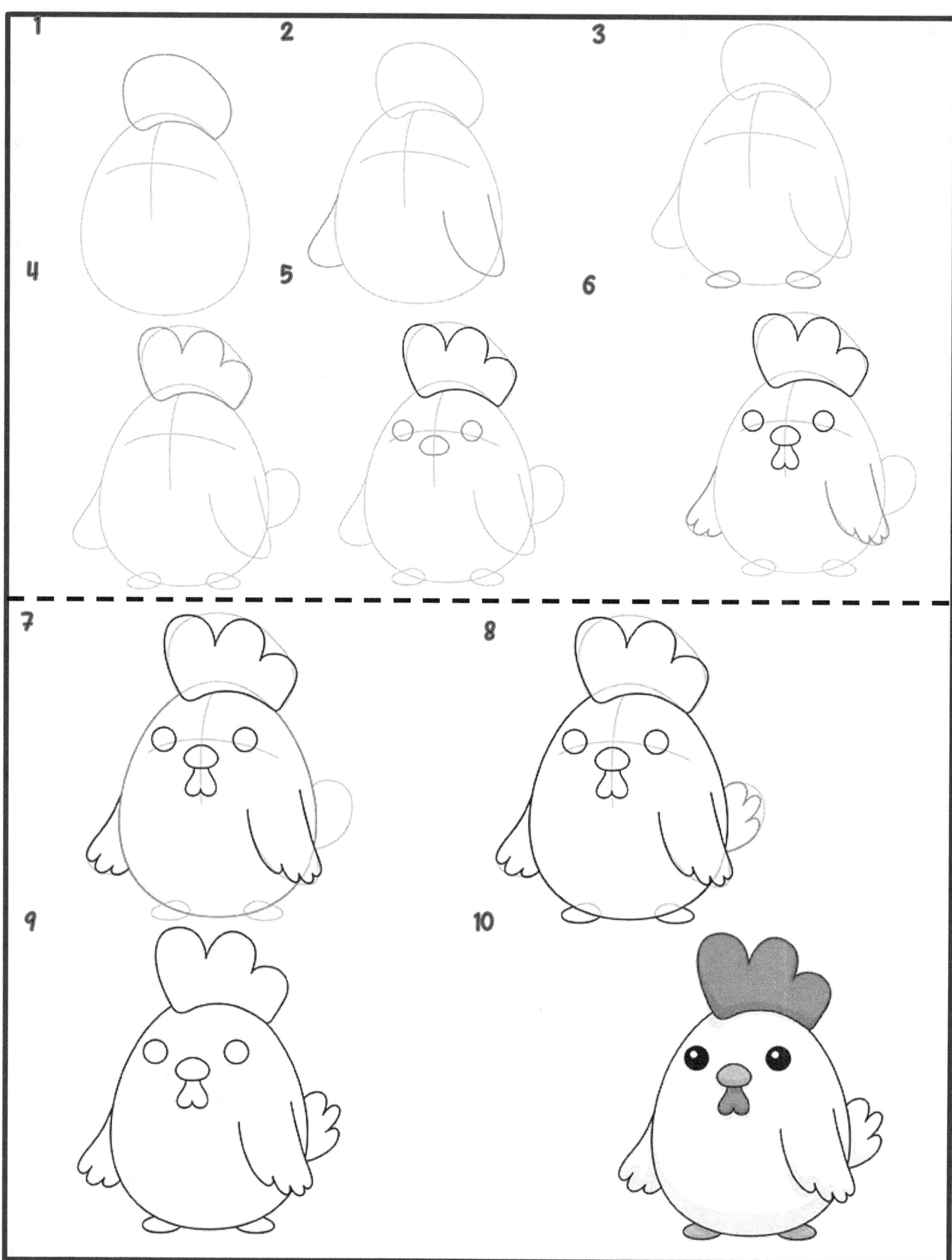

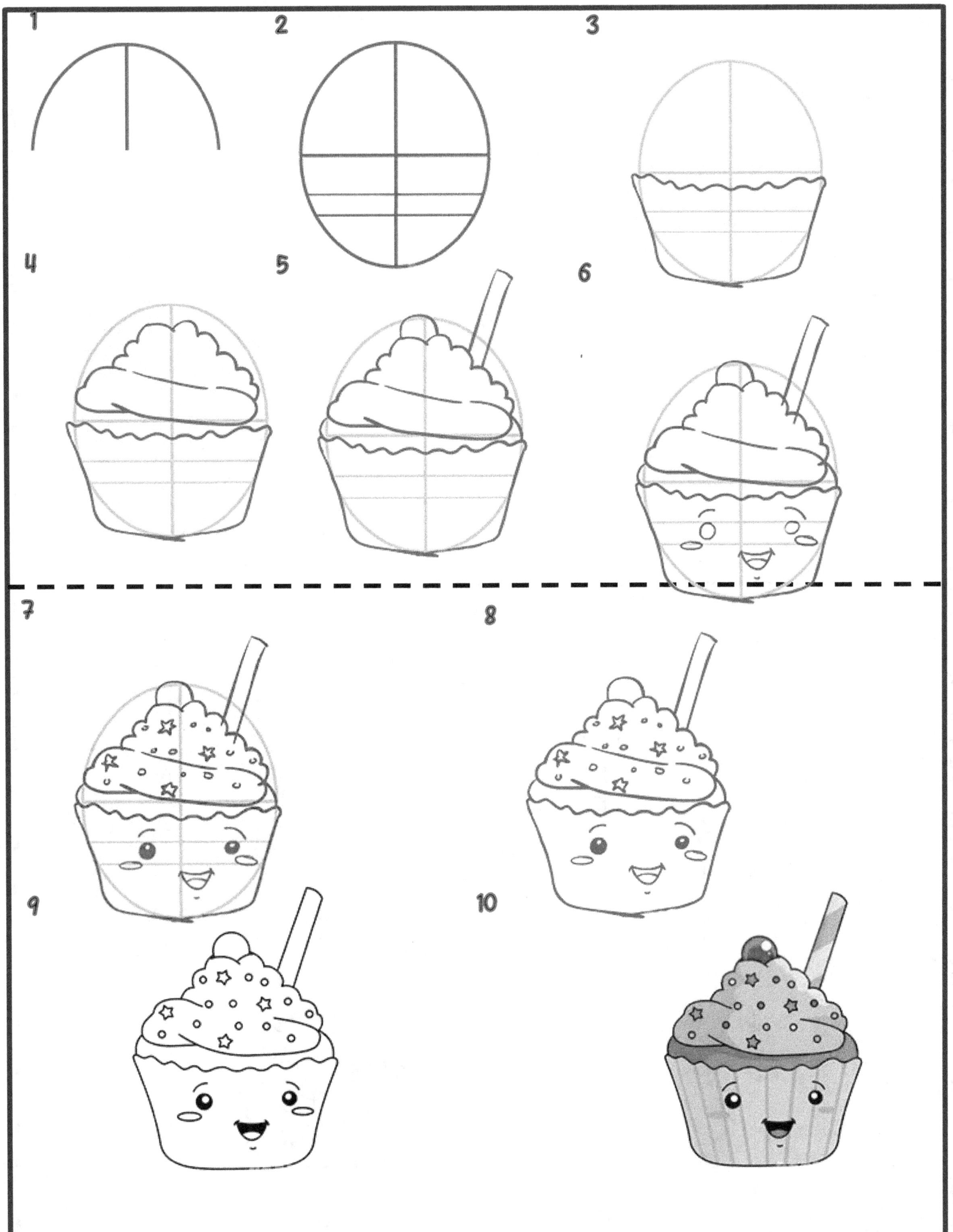

1
2
3
4
5
6
7
8
9
10

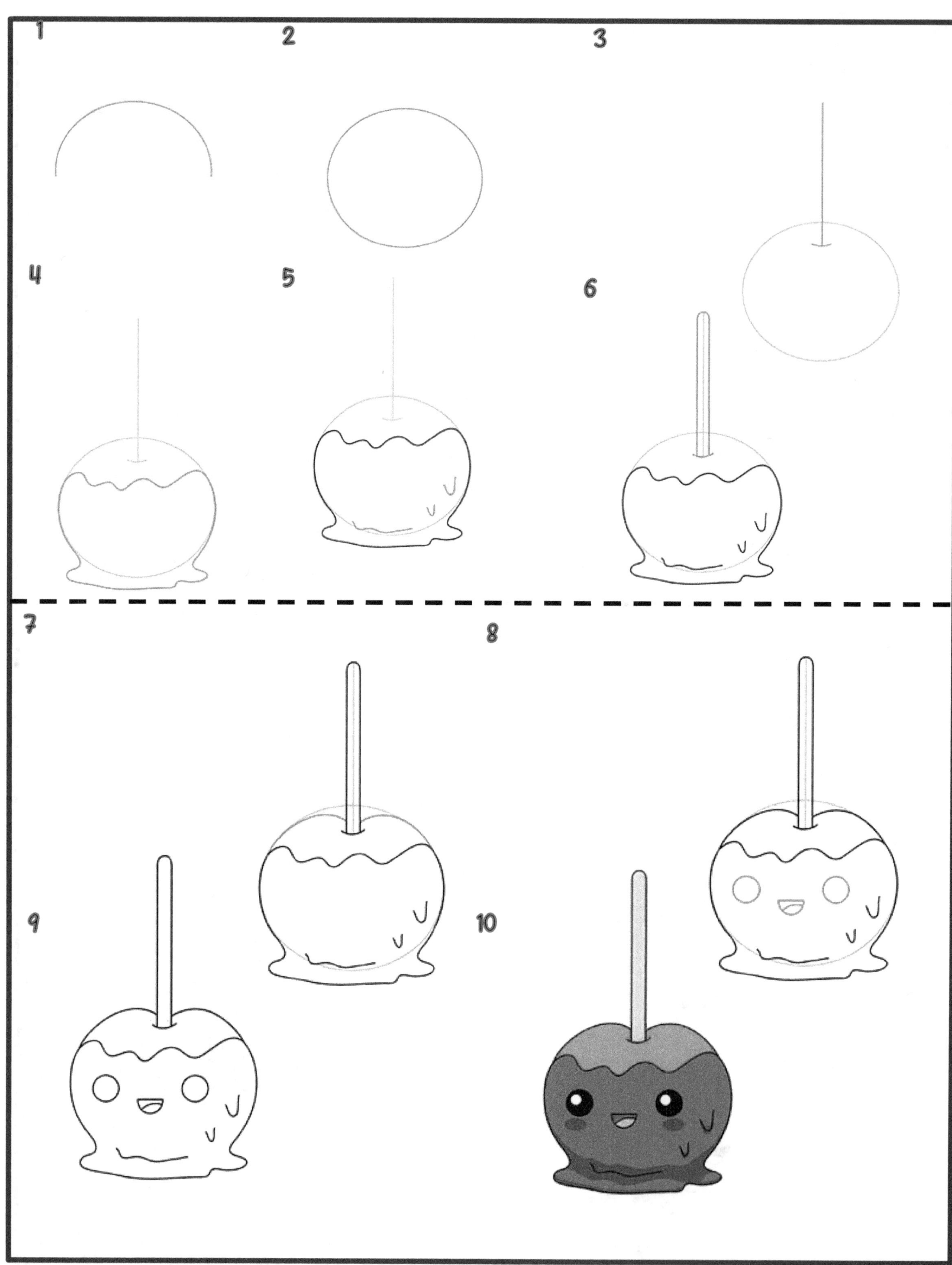
1
2
3
4
5
6
7
8
9
10

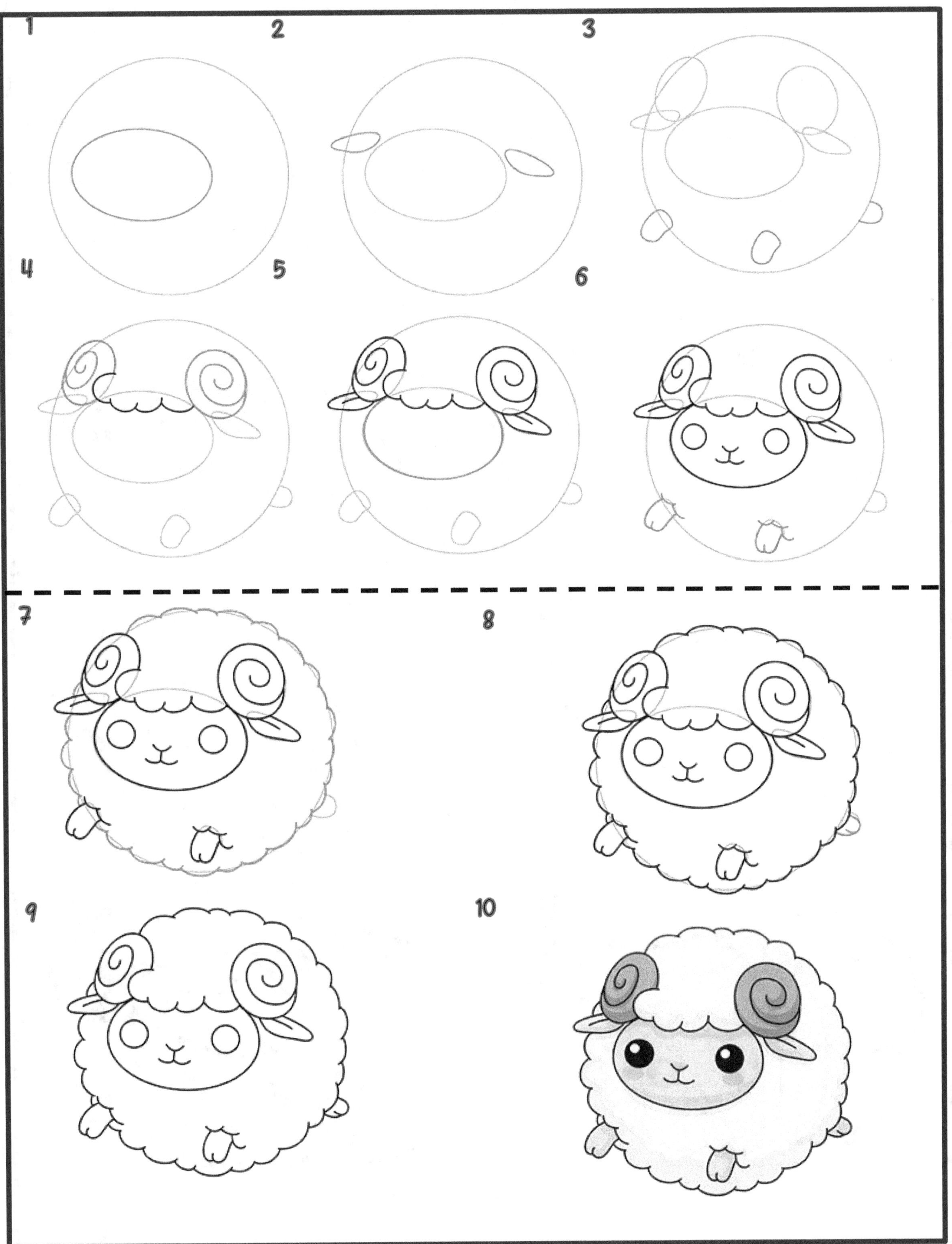

1
2
3
4
5
6
7
8
9
10

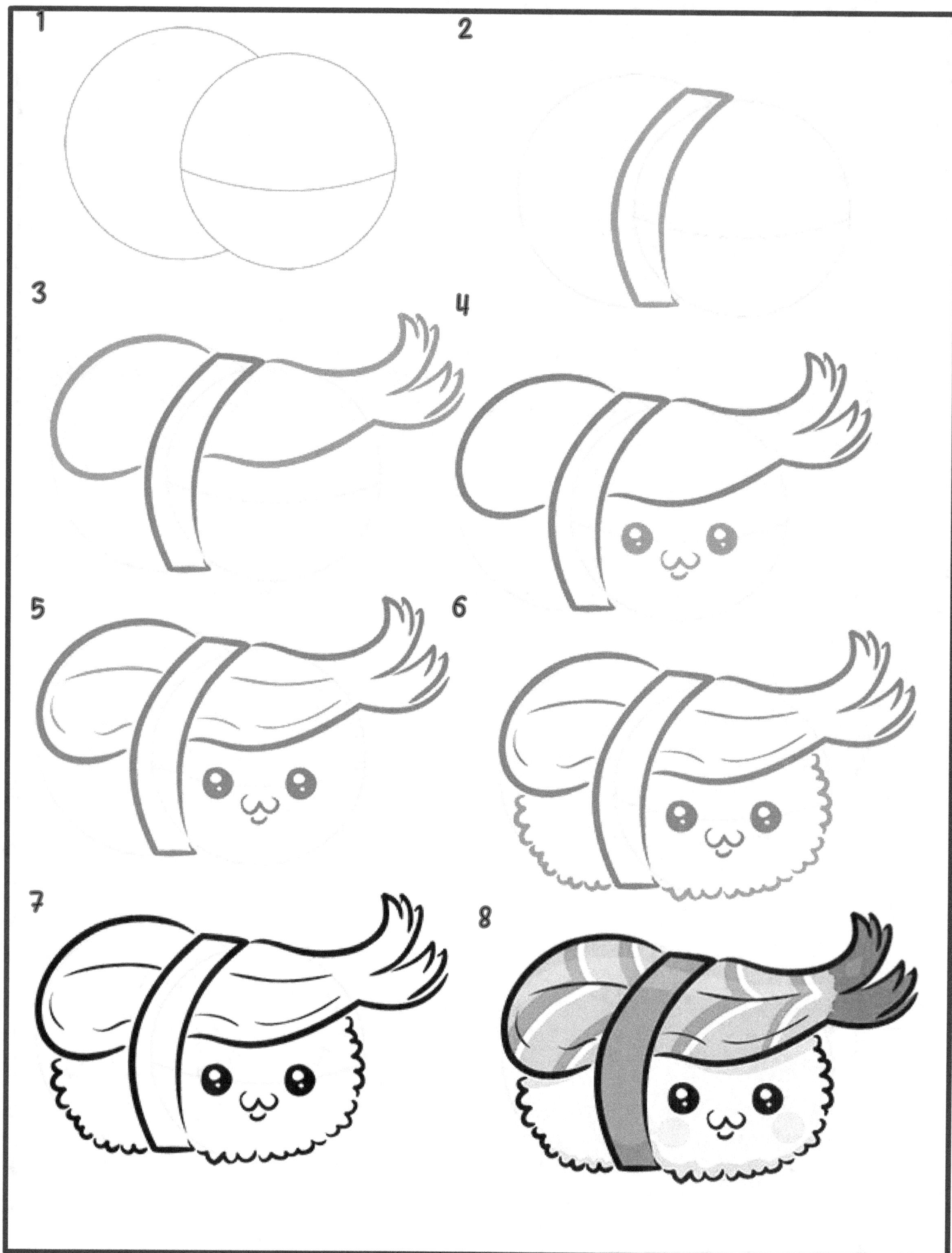
1
2
3
4
5
6
7
8

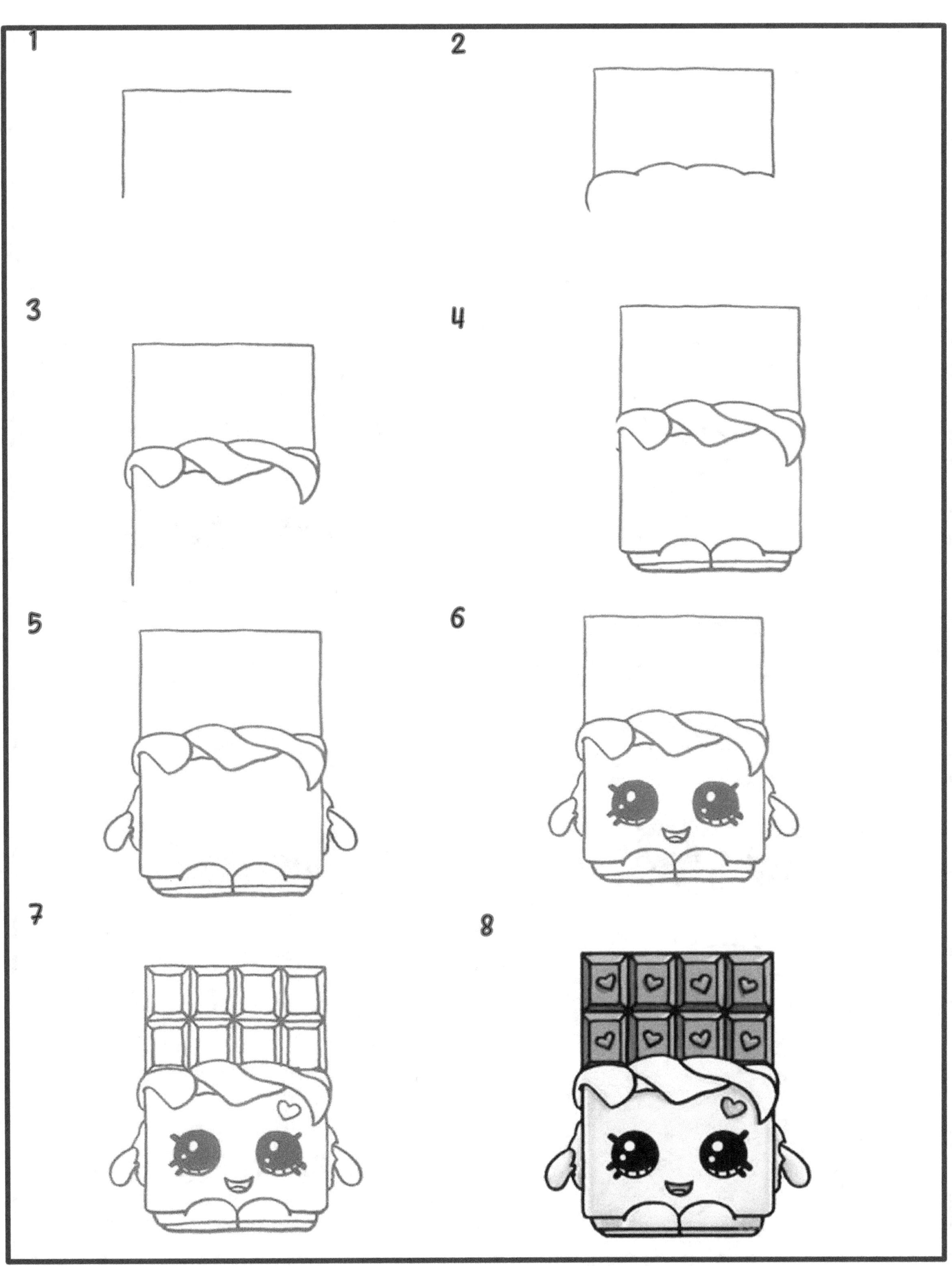

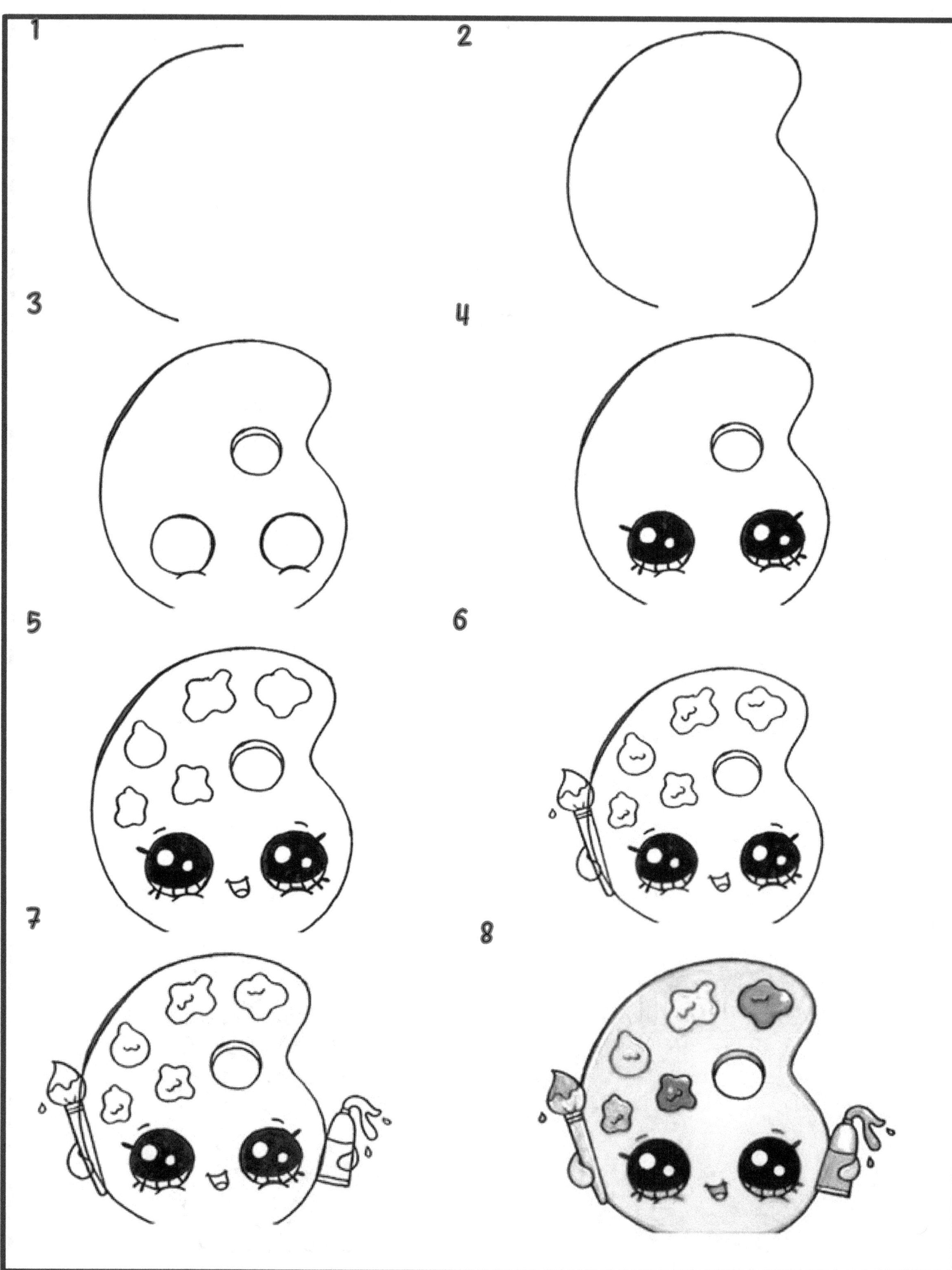

1
2
3
4
5
6
7
8

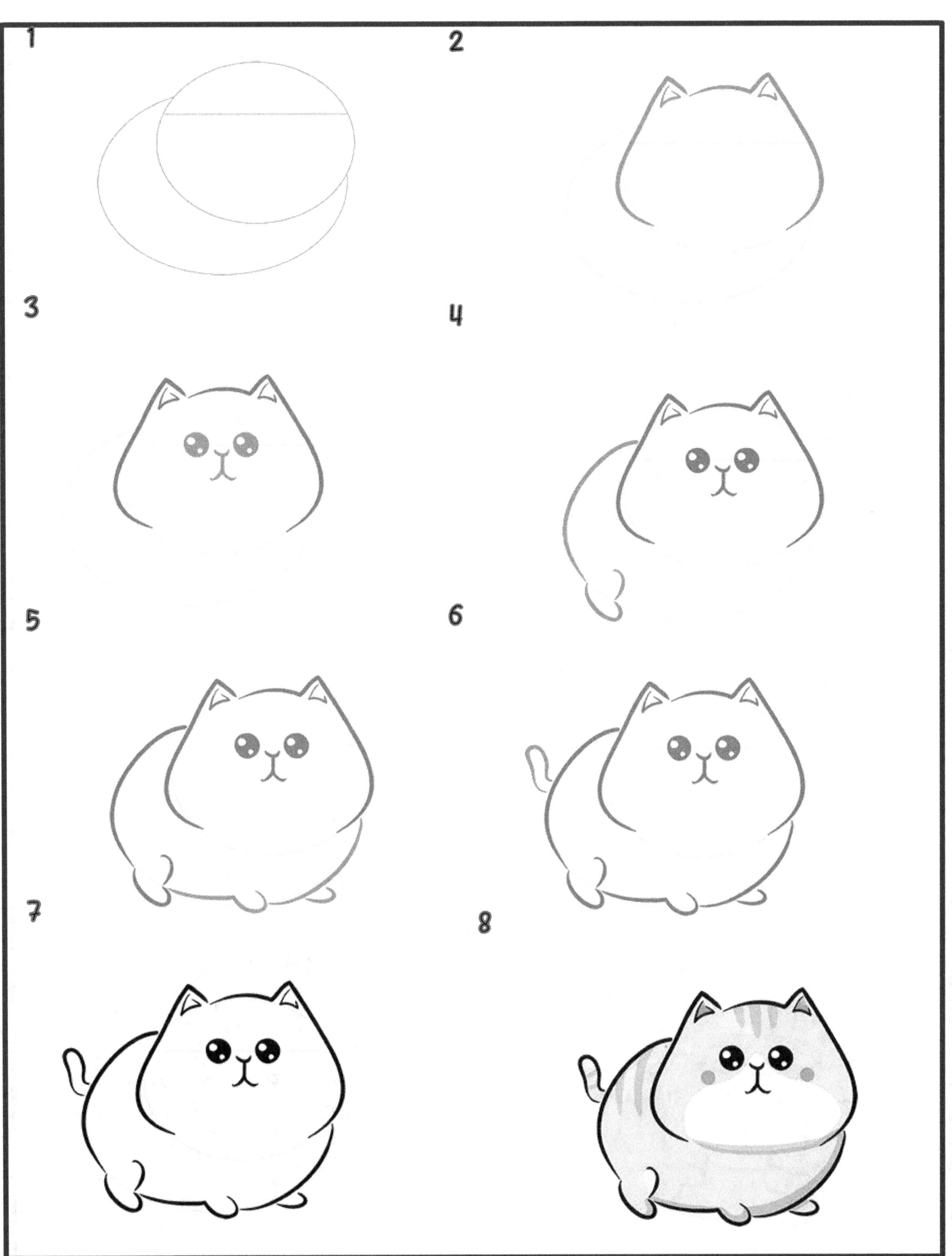

1
2
3
4
5
6
7
8

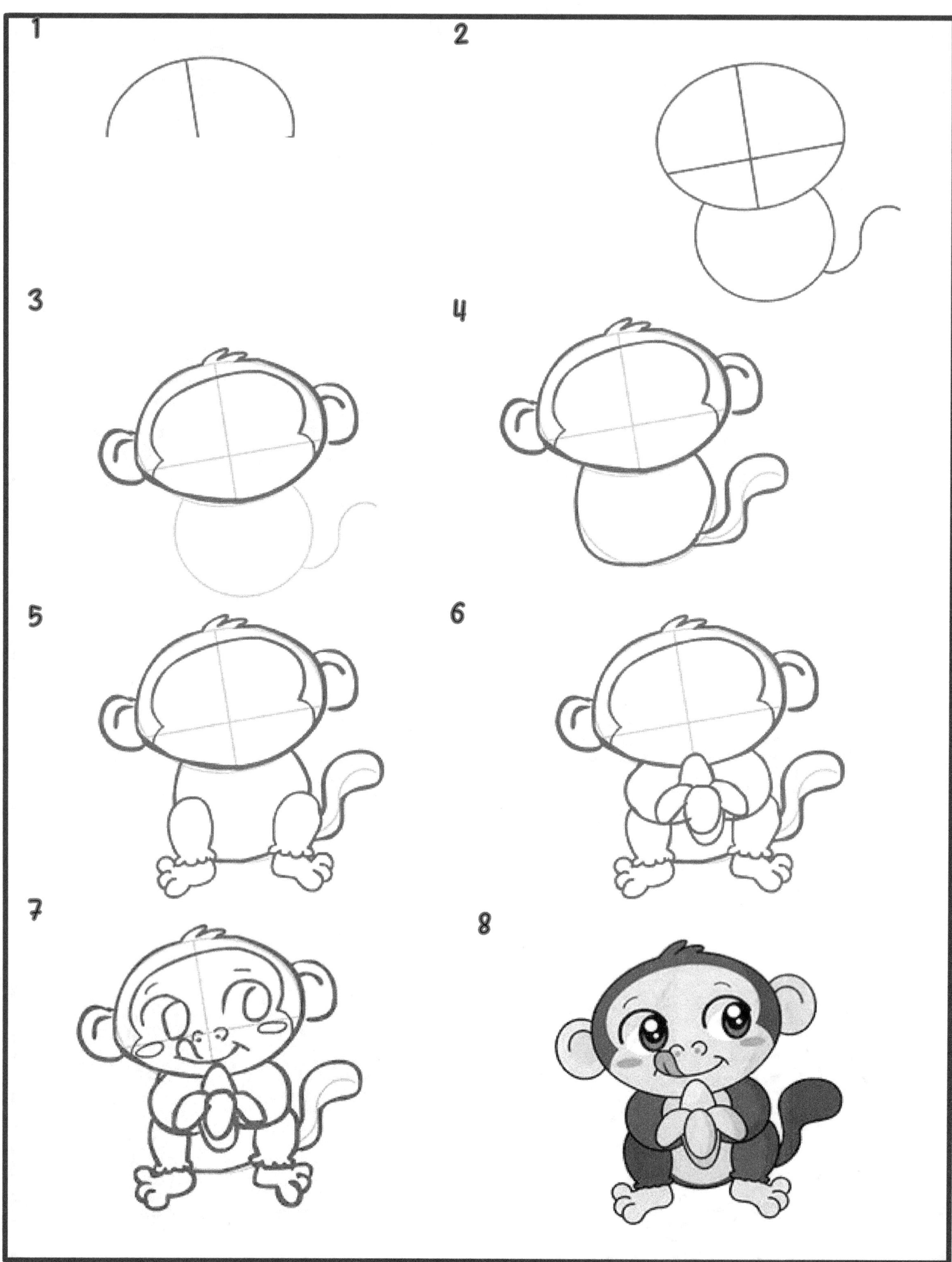

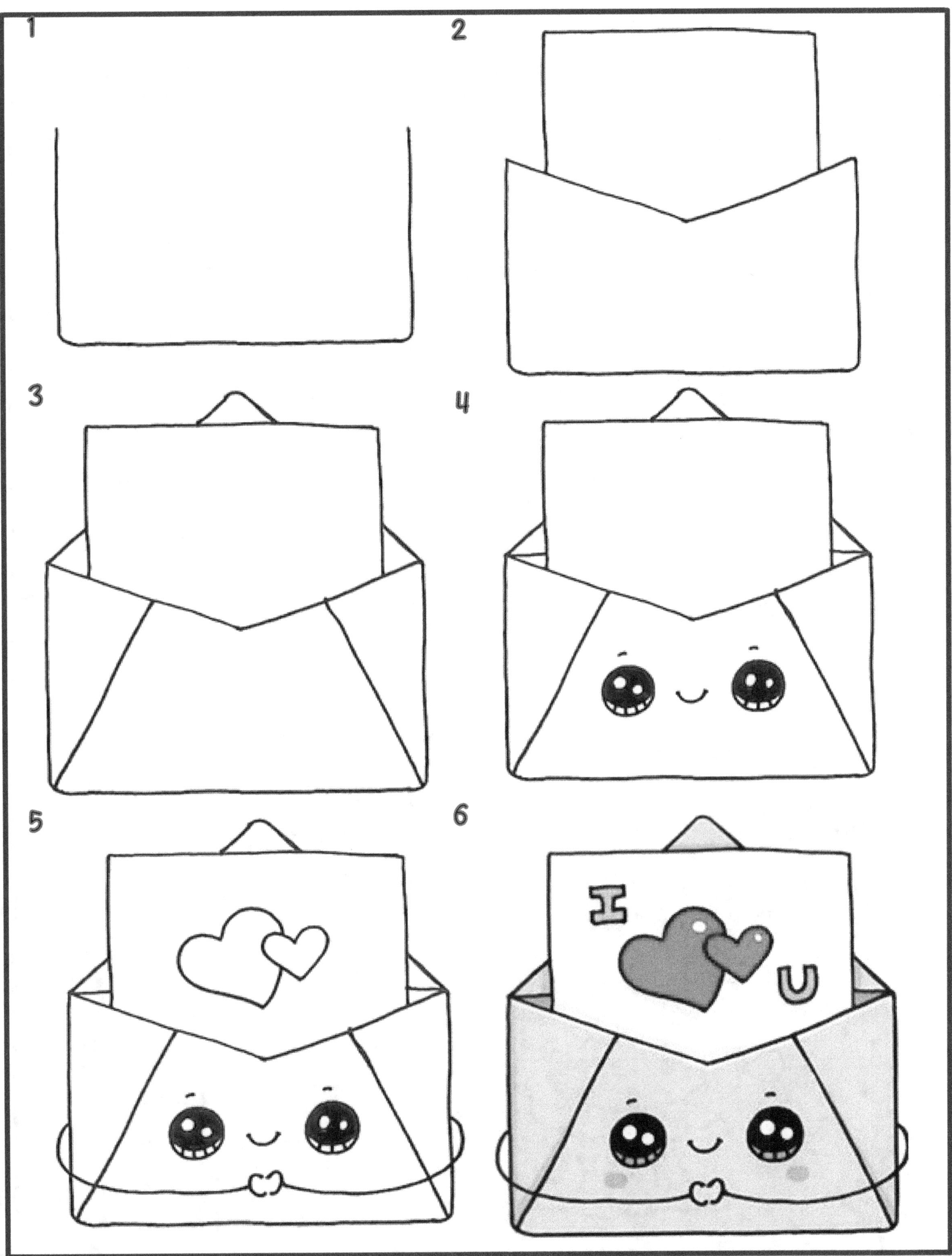
1
2
3
4
5
6
I
U

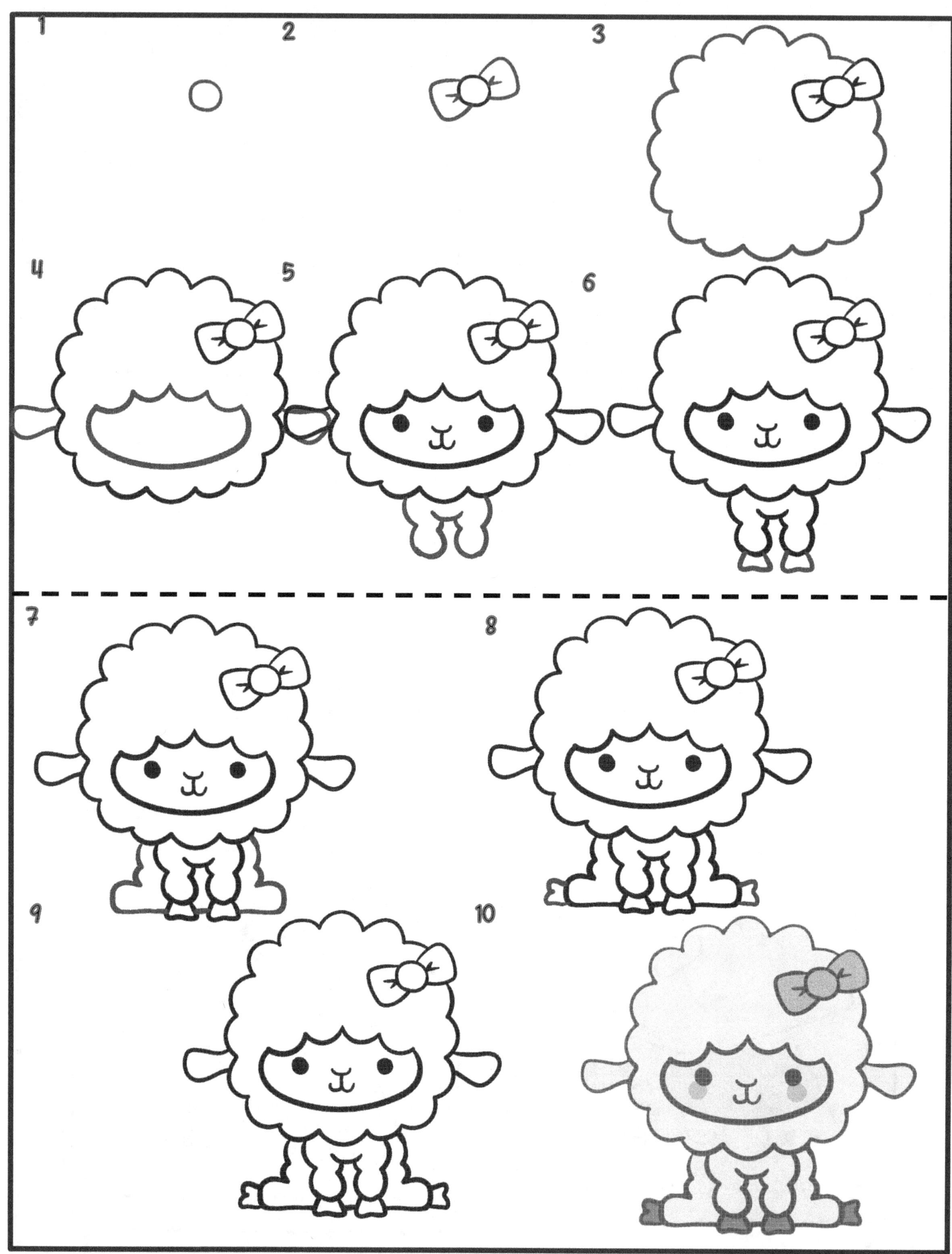

1
2
3
4
5
6
7
8
9
10

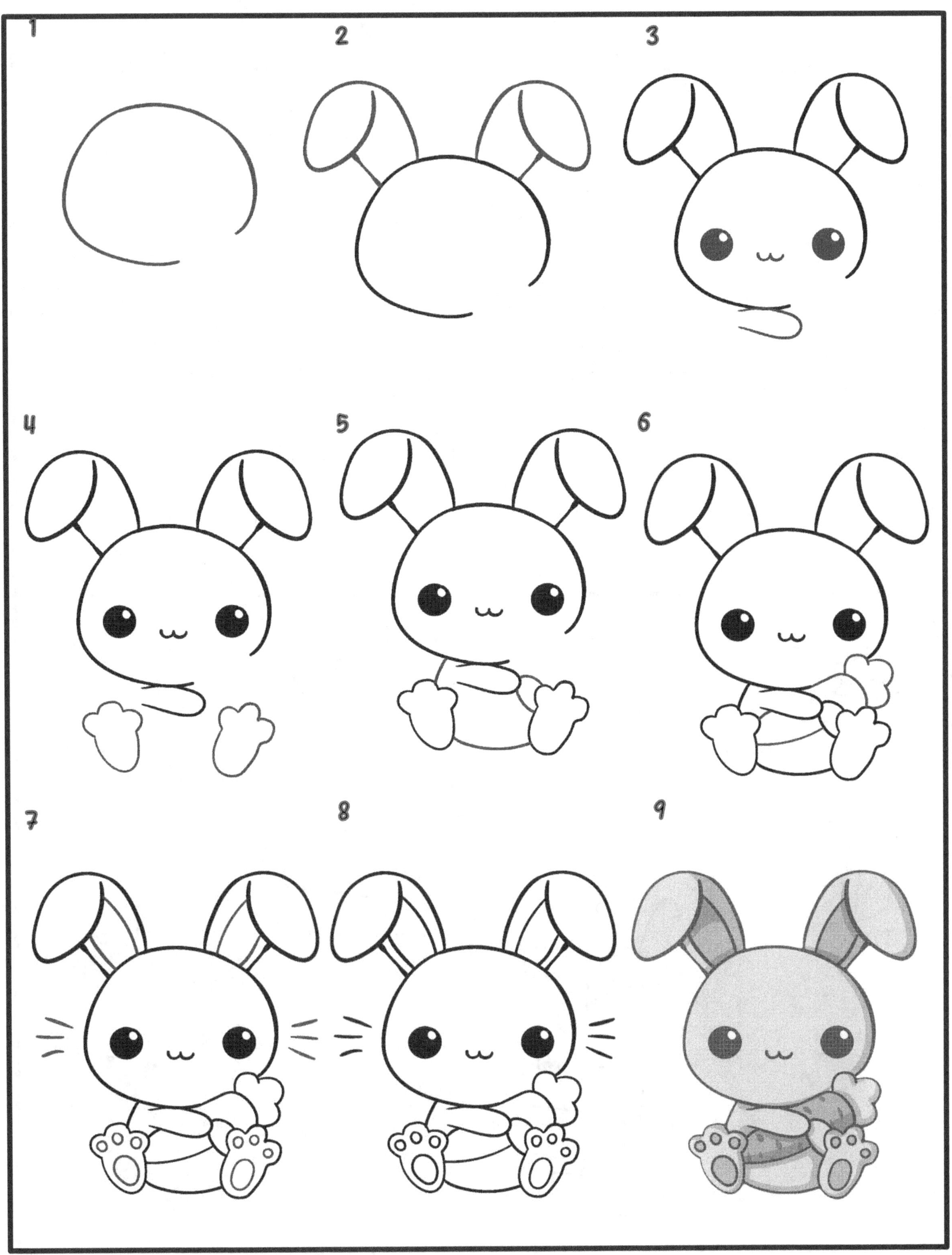

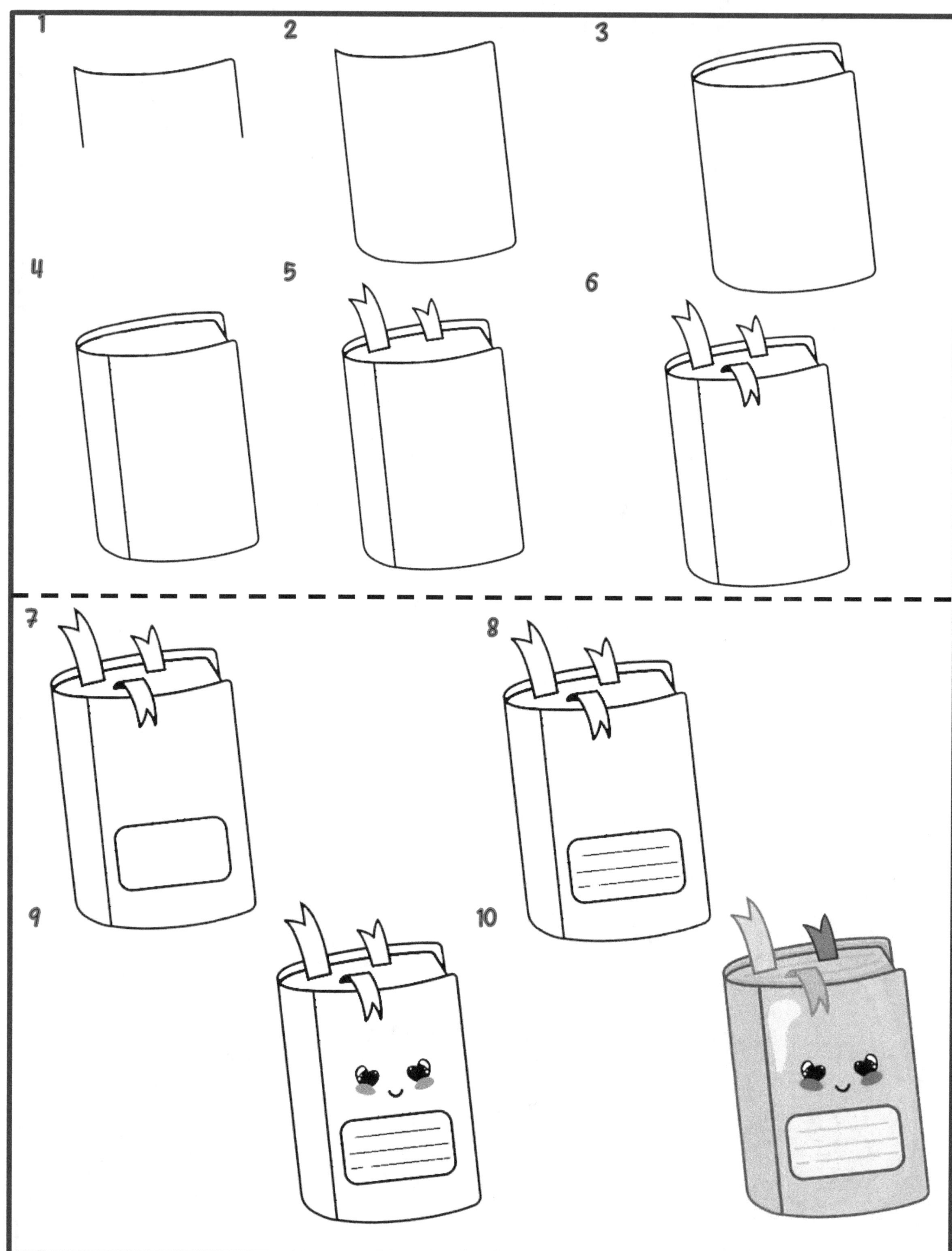

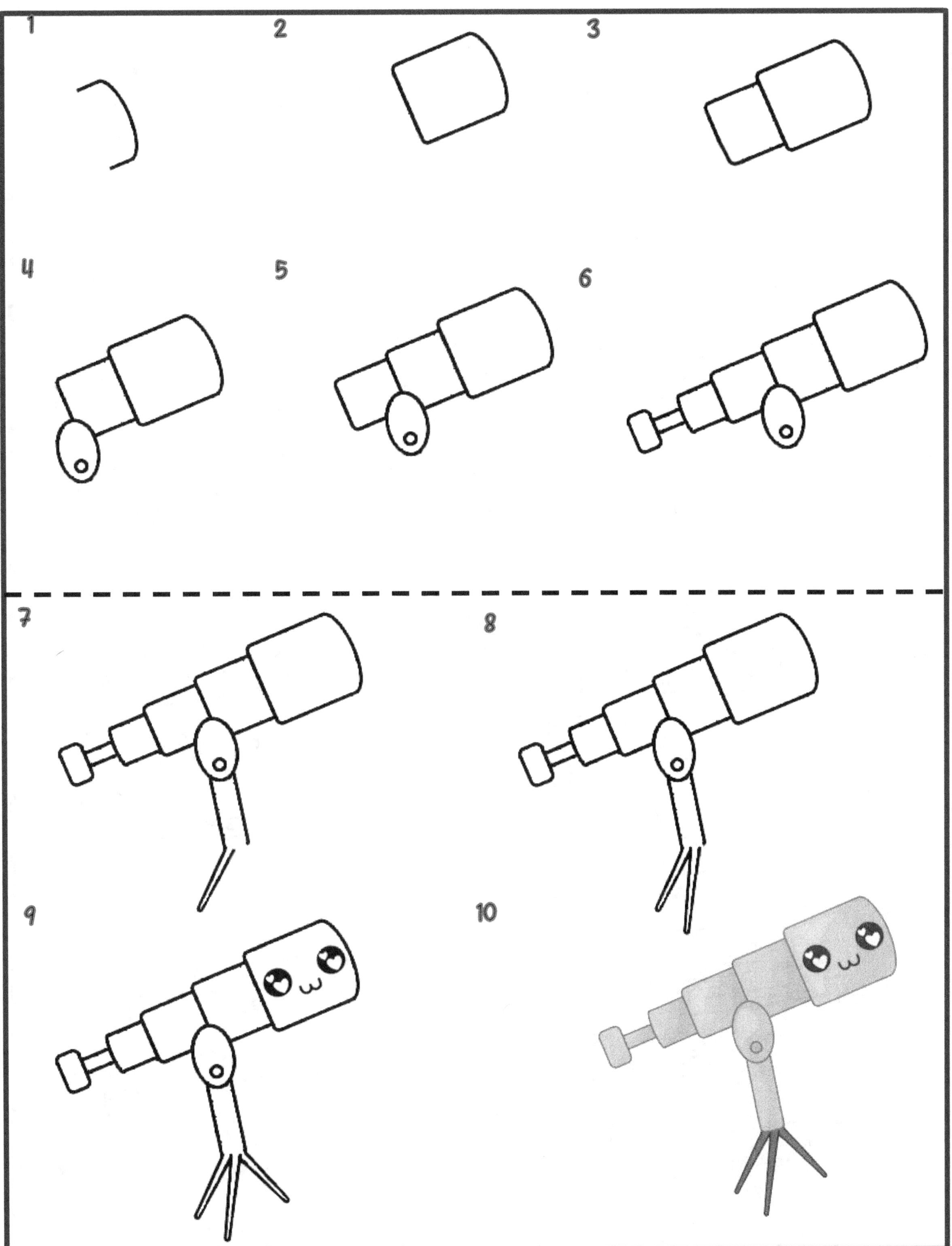

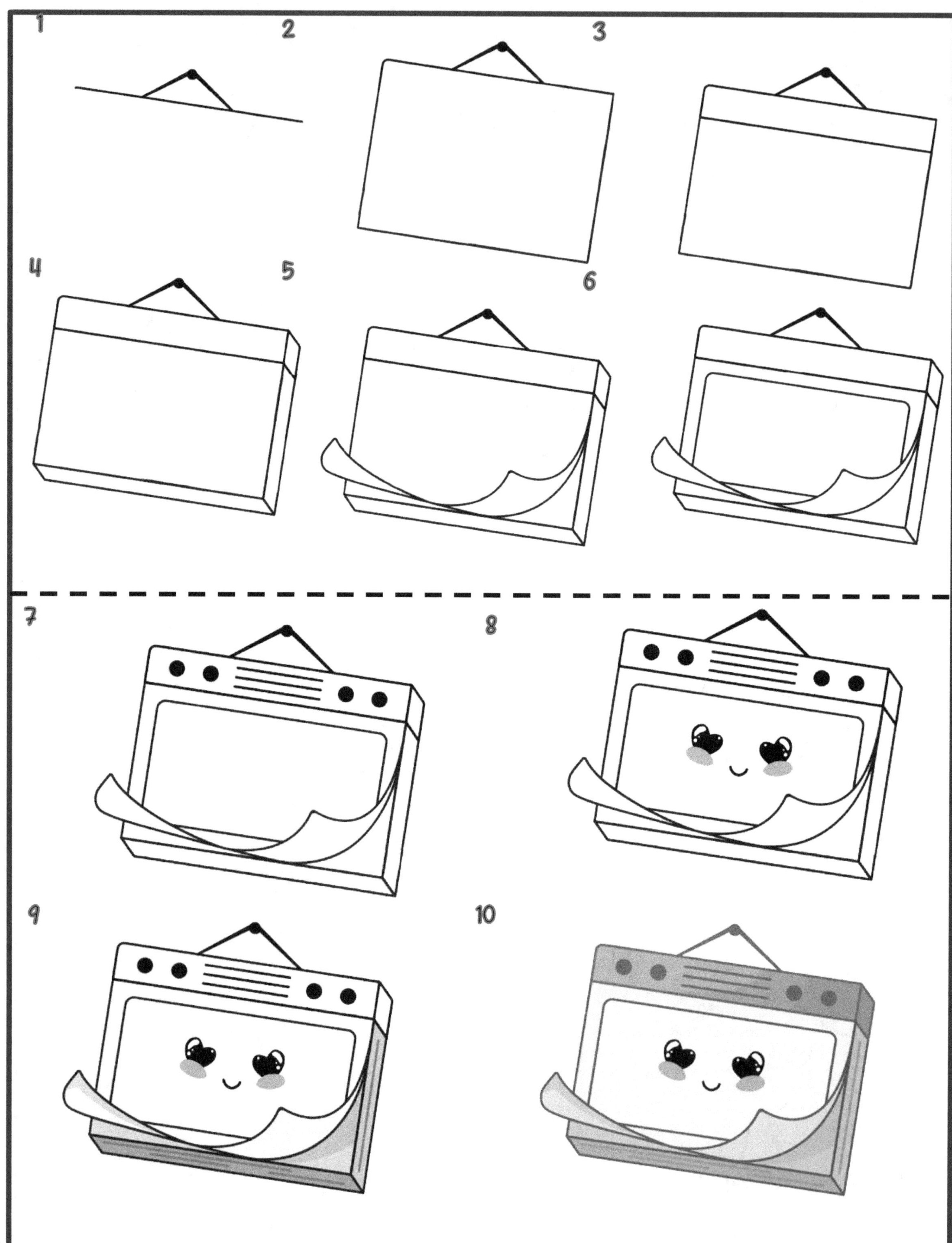

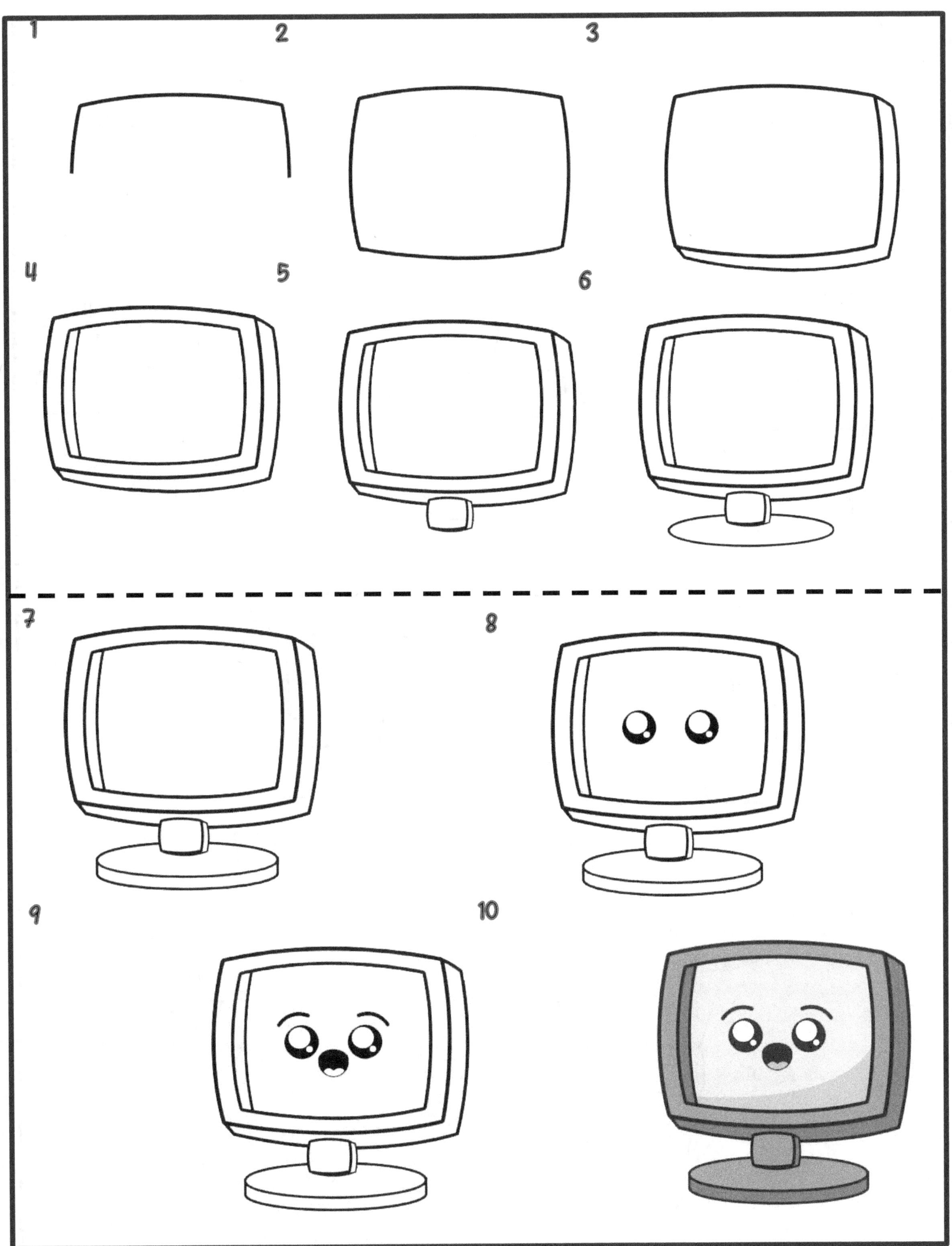

1
2
3
4
5
6
7
8
9
10

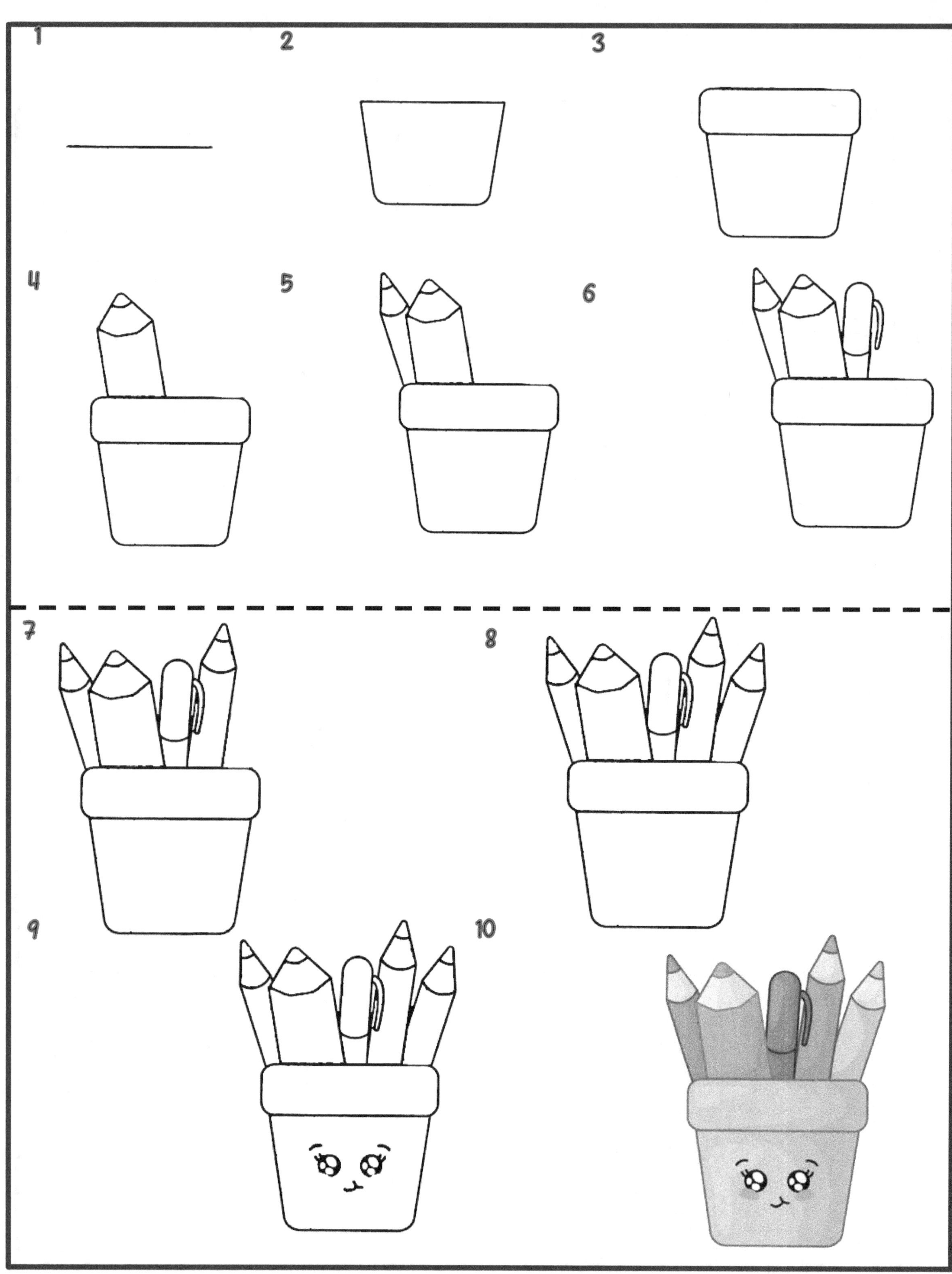

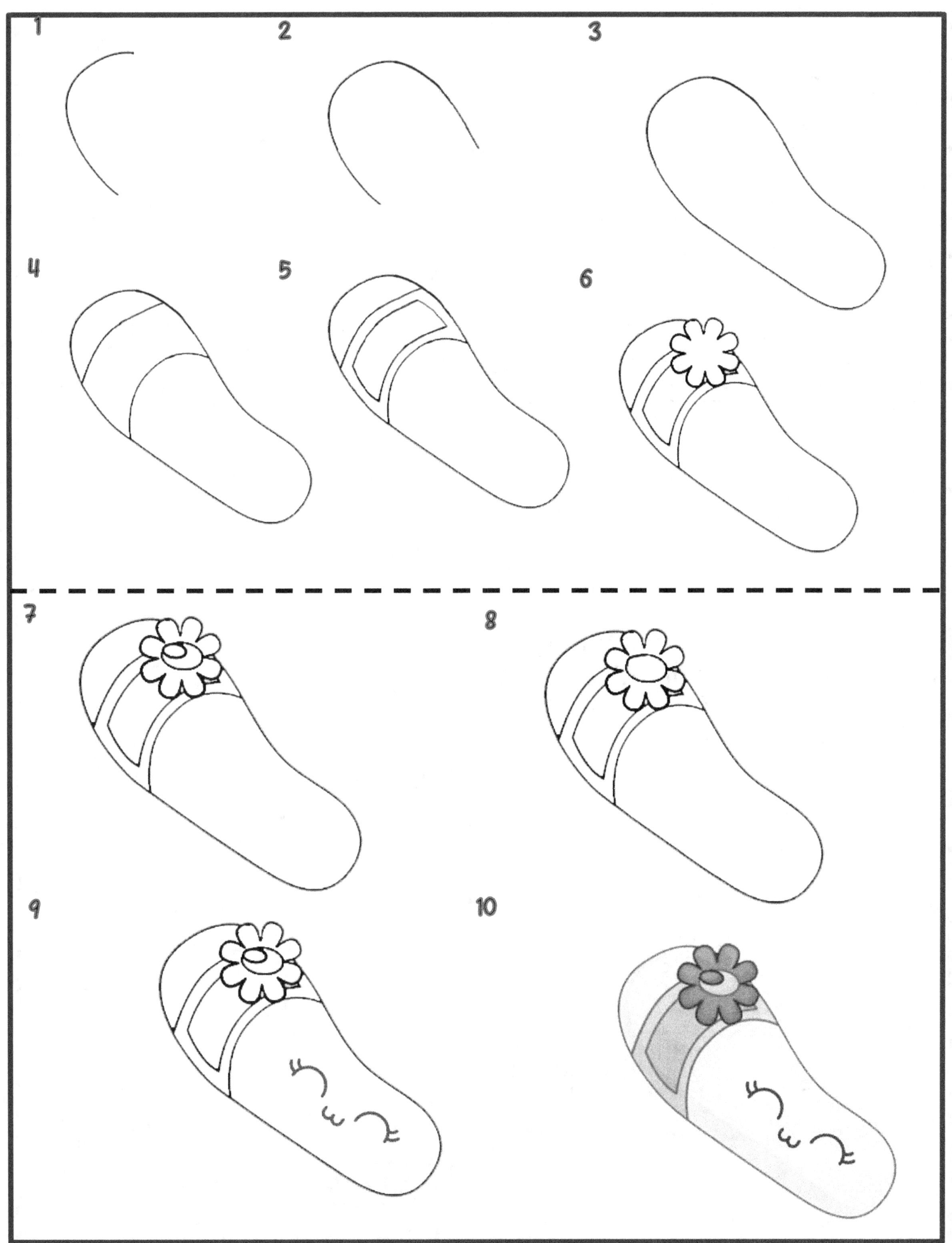
1
2
3
4
5
6
7
8
9
10

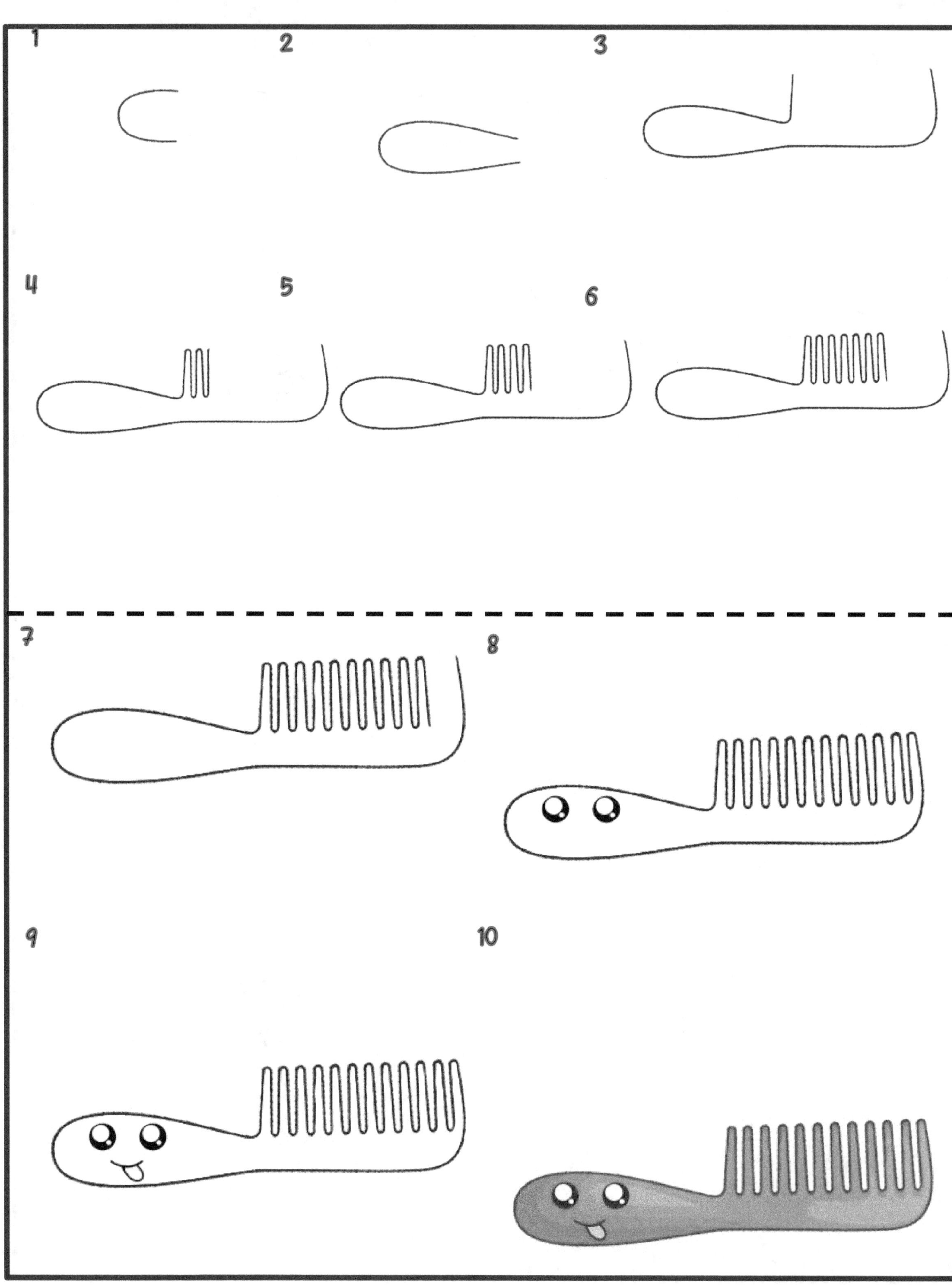

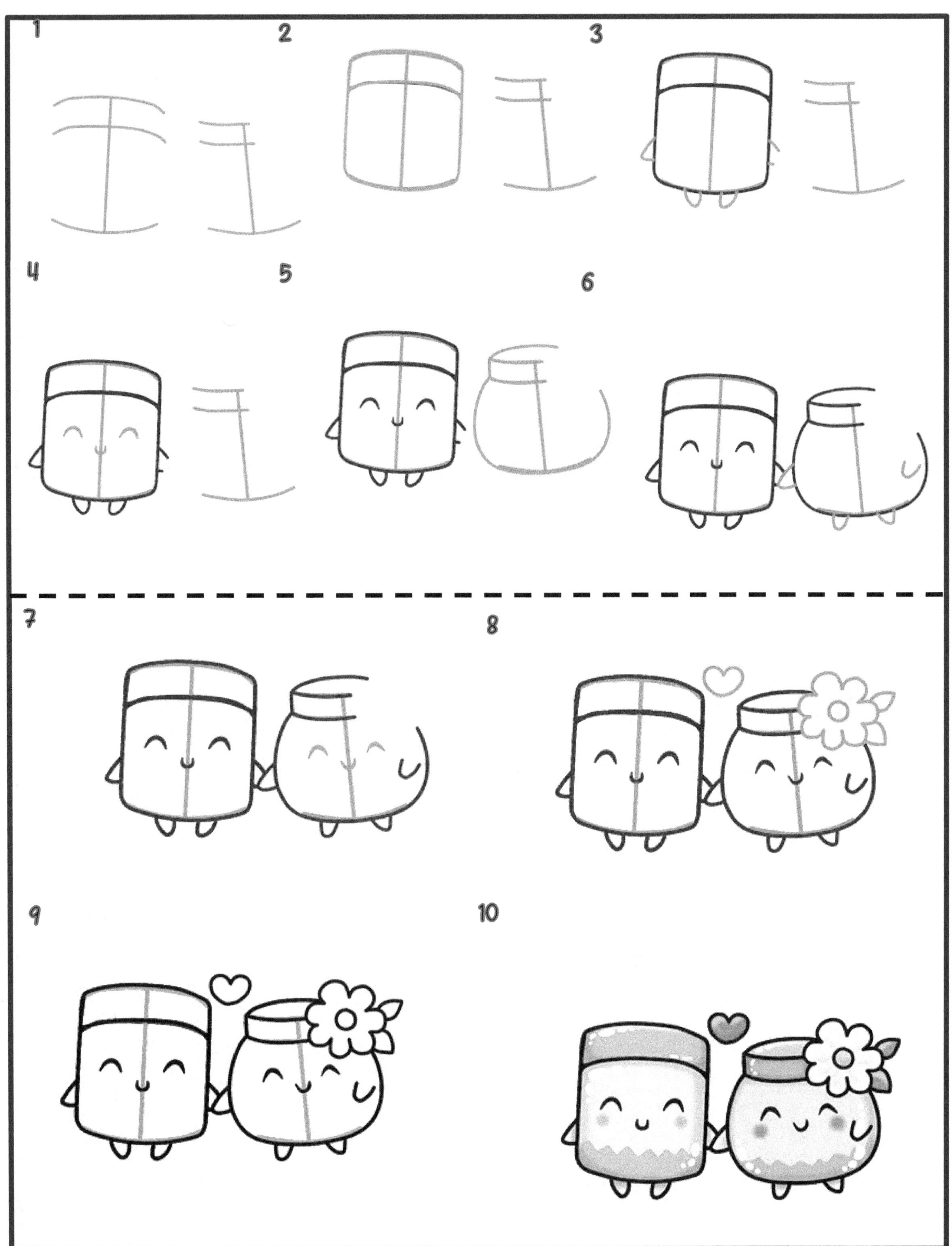

1

2

3

4

5

6

7

8

9

10

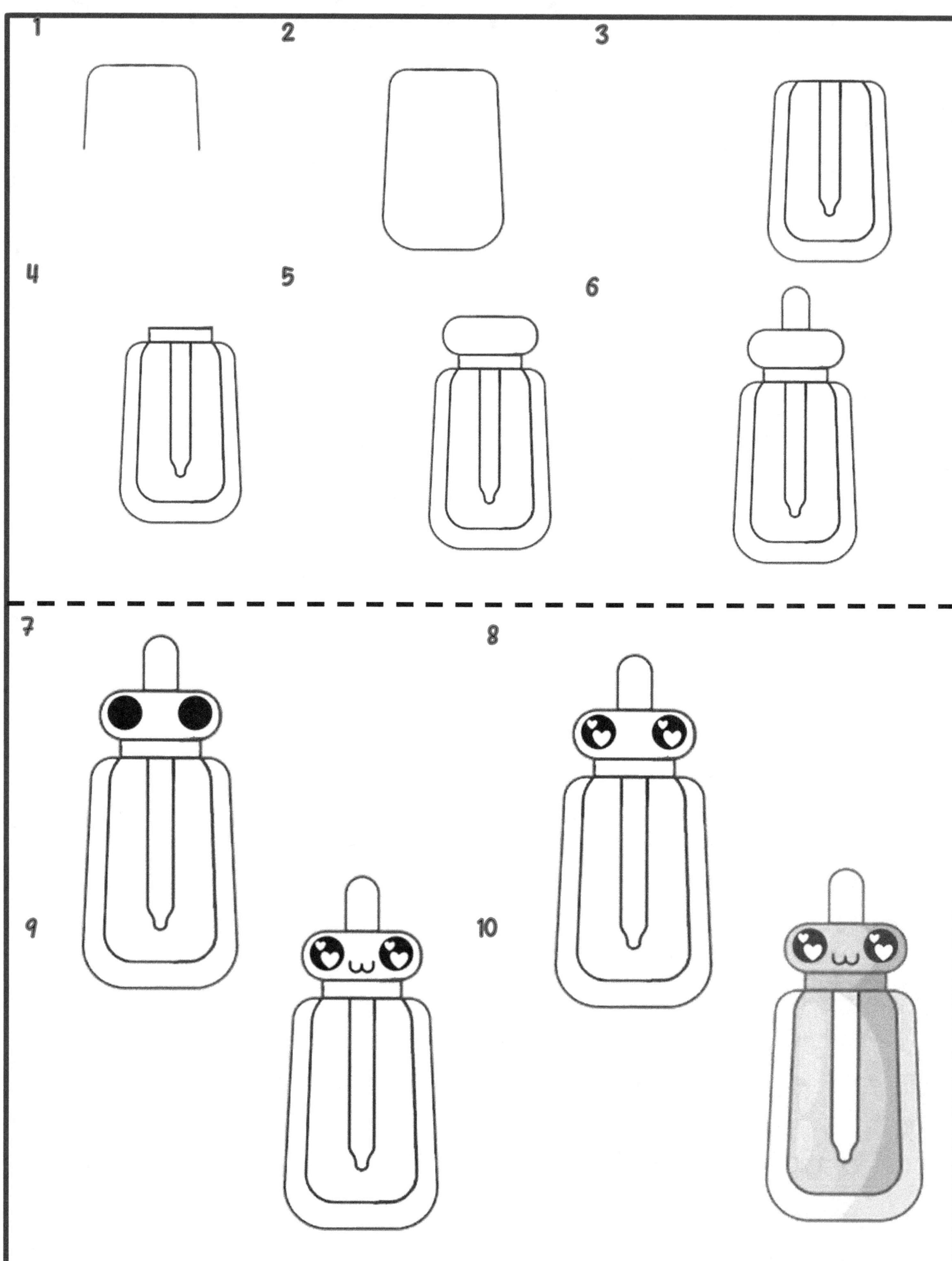

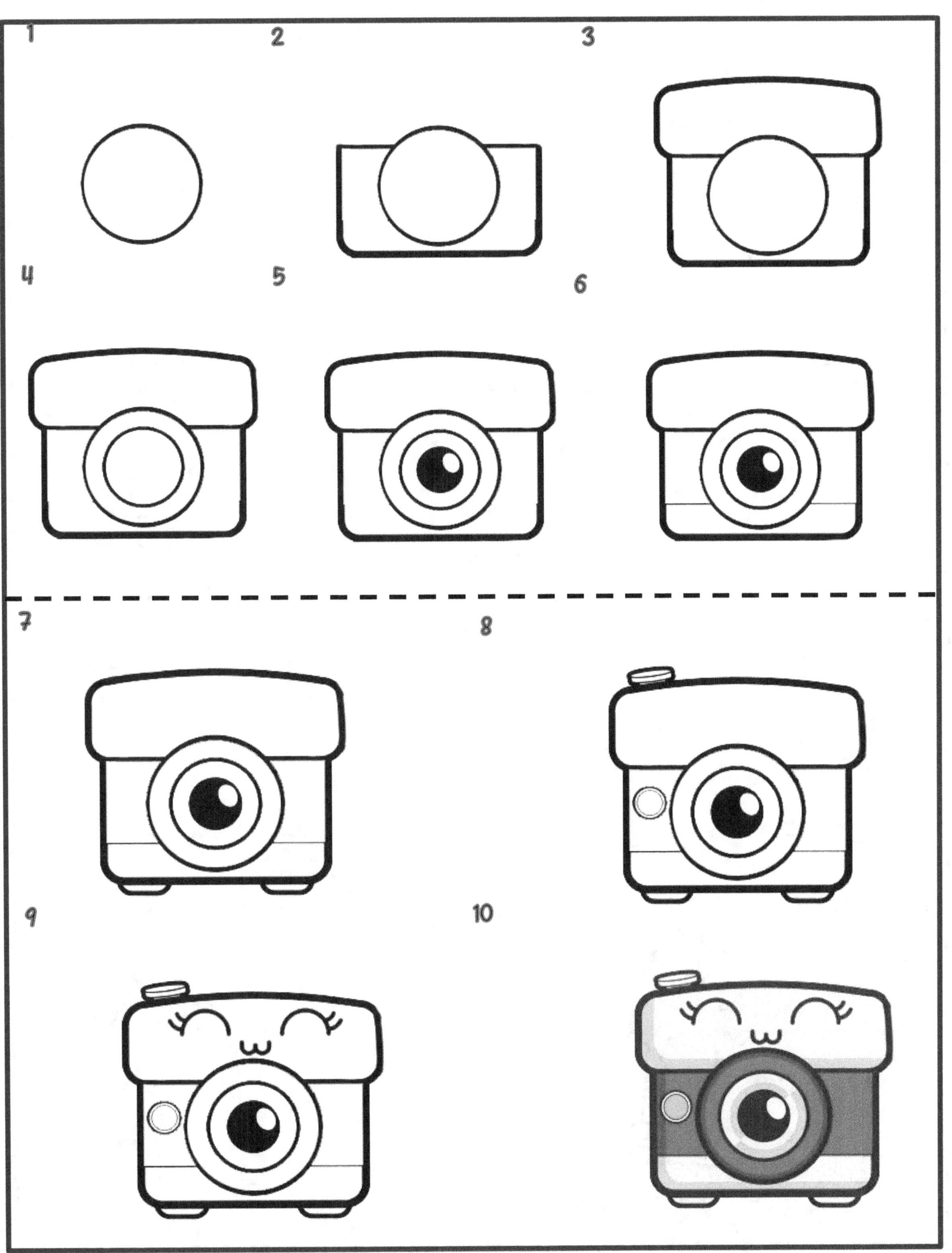

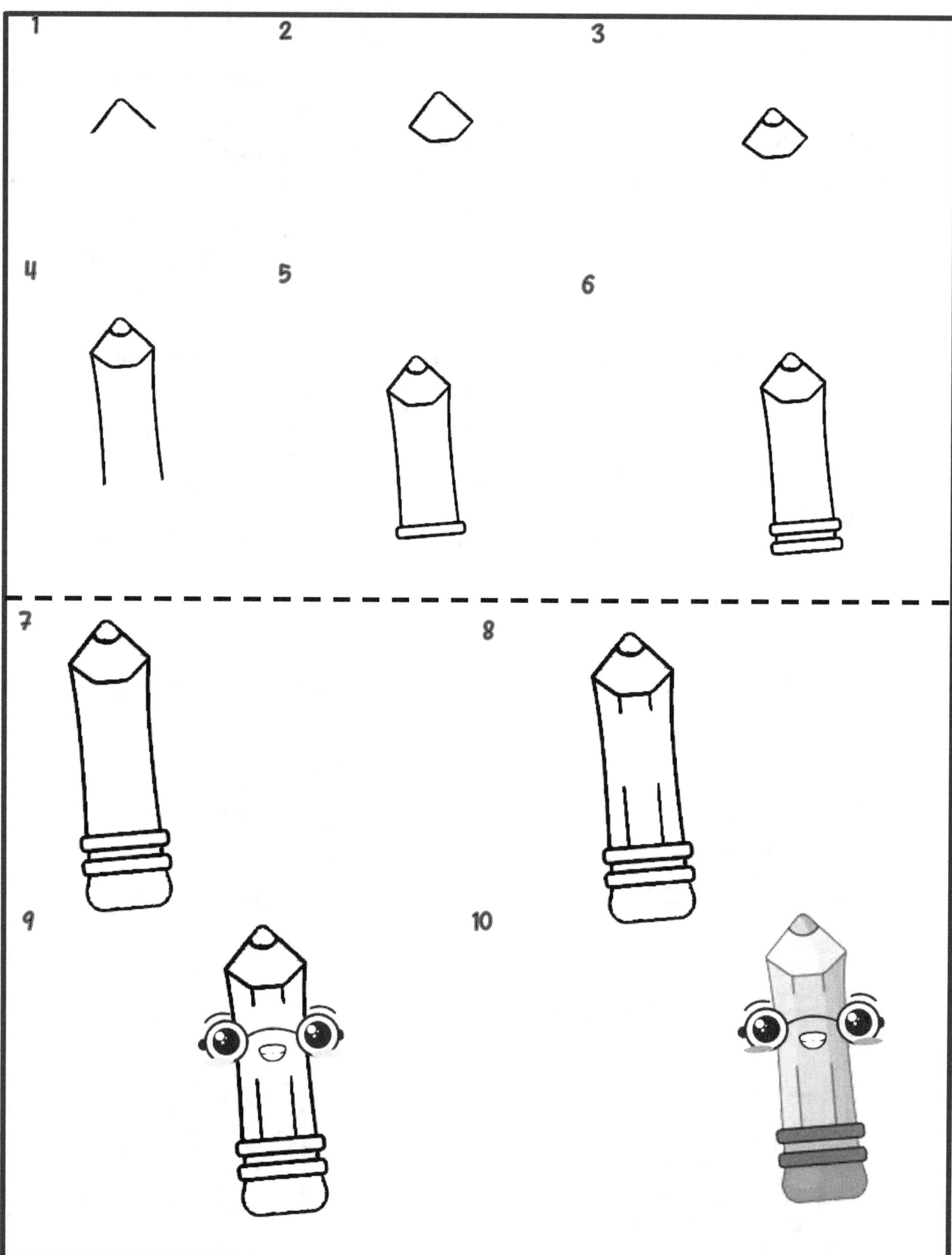

1
2
3
4
5
6
7
8
9
10

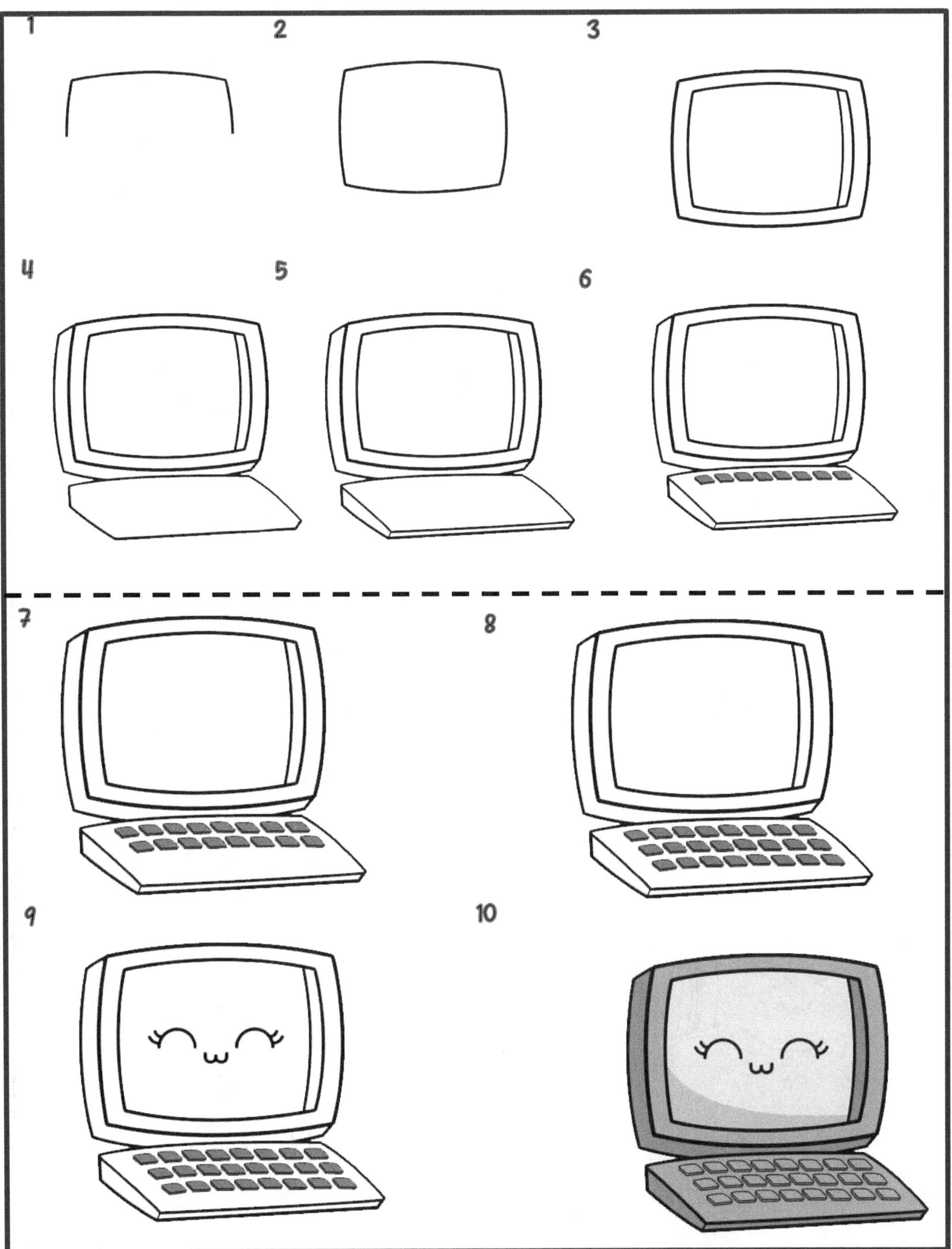

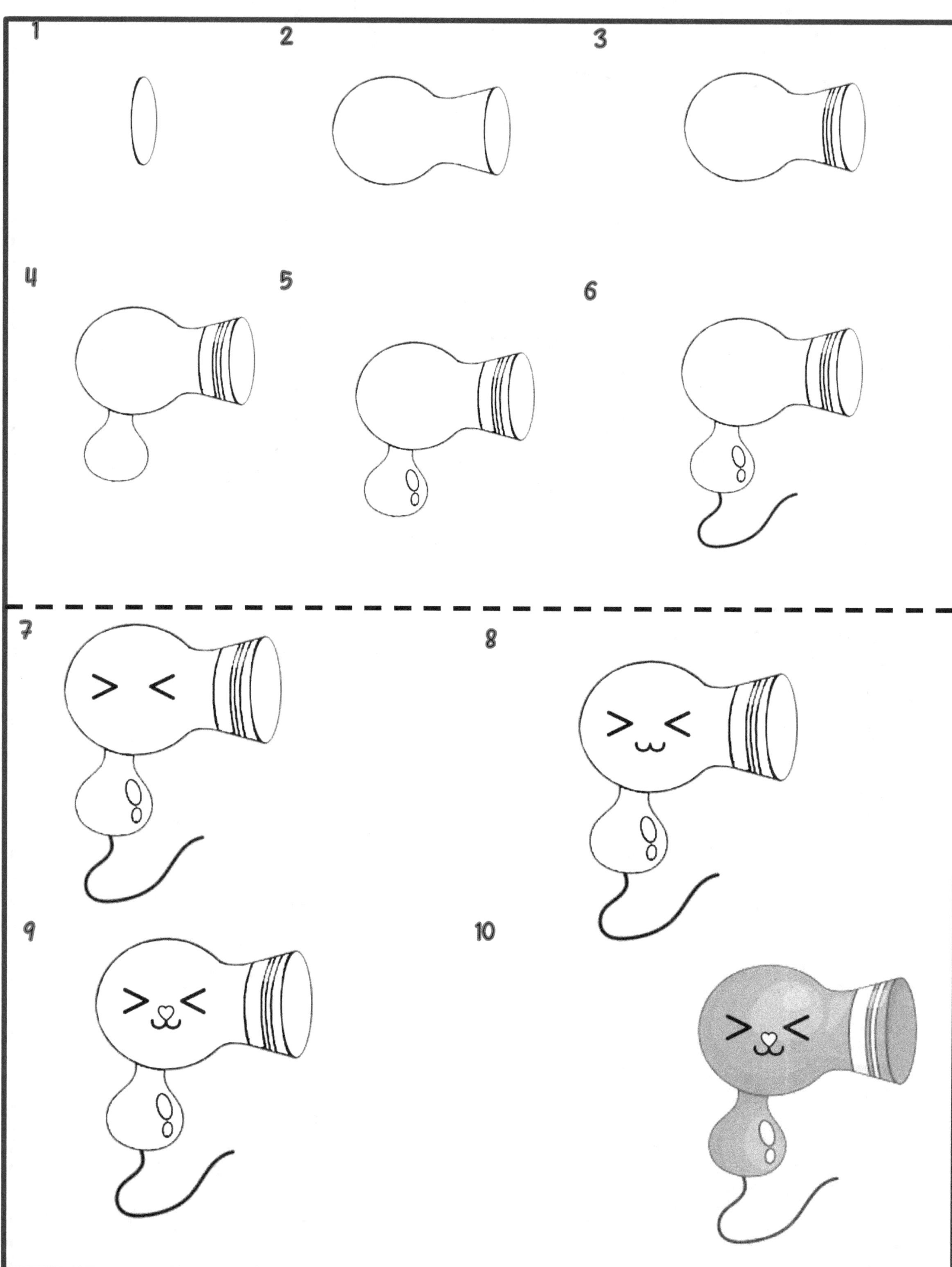

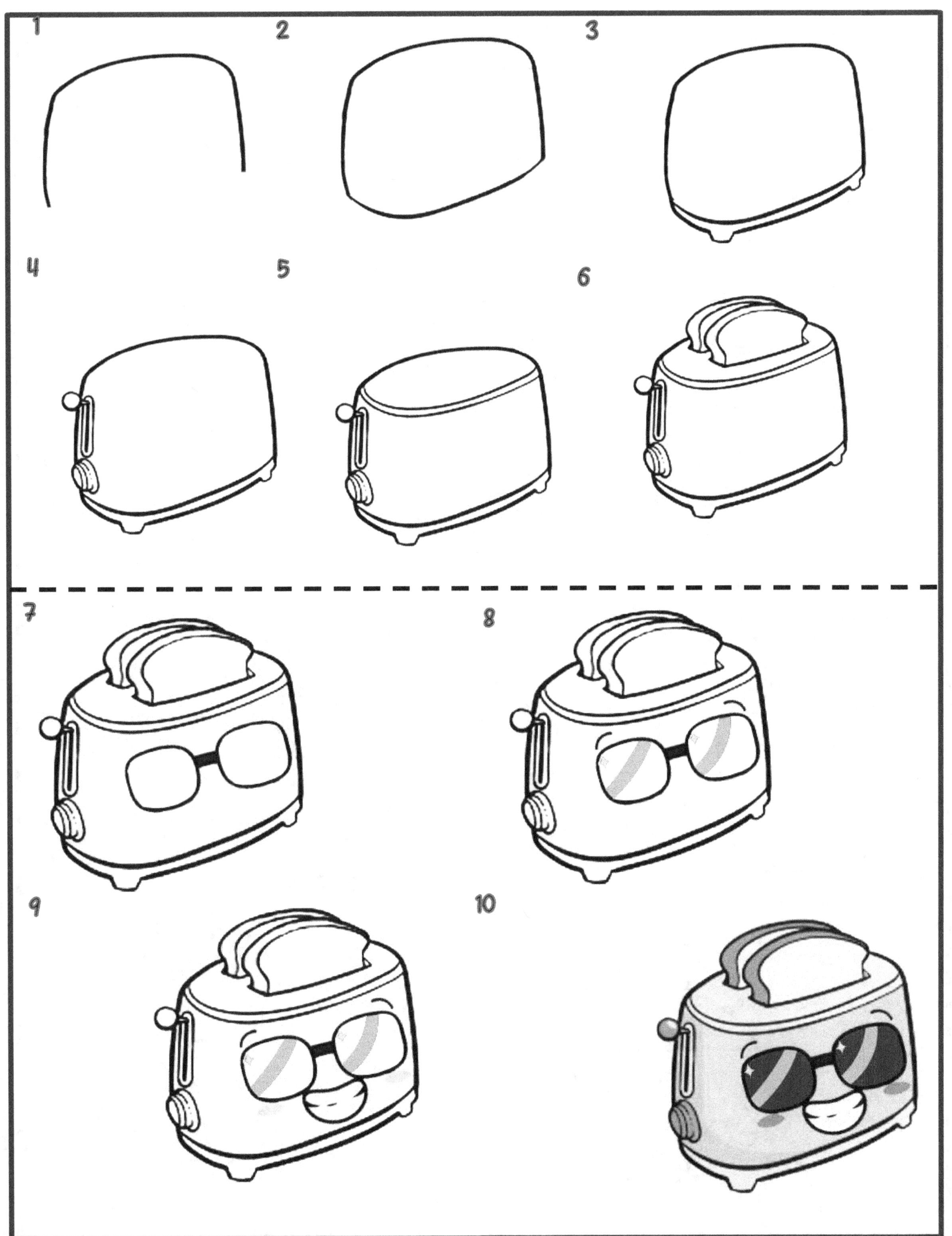

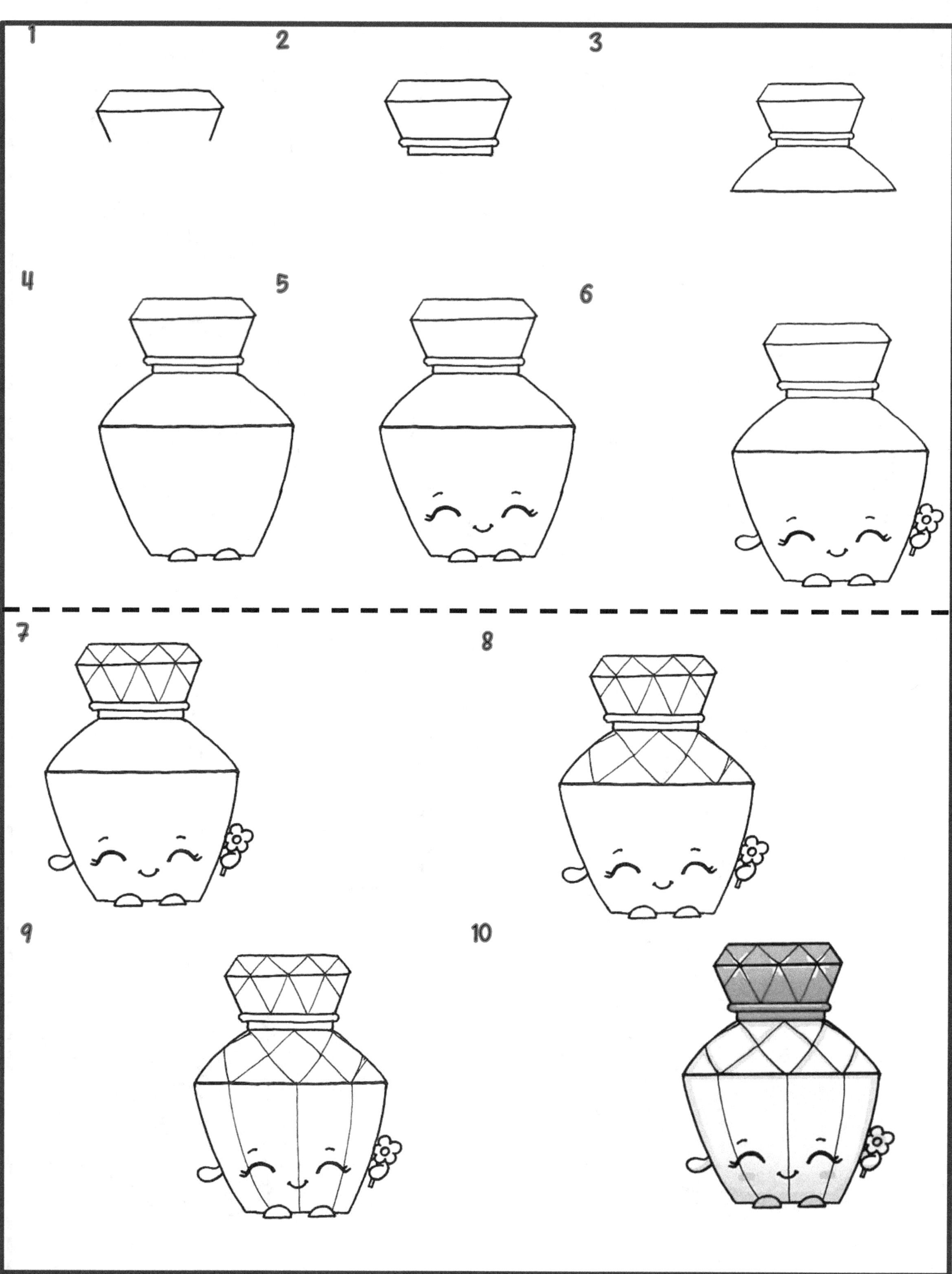

1
2
3
4
5
6
7
8
9
10

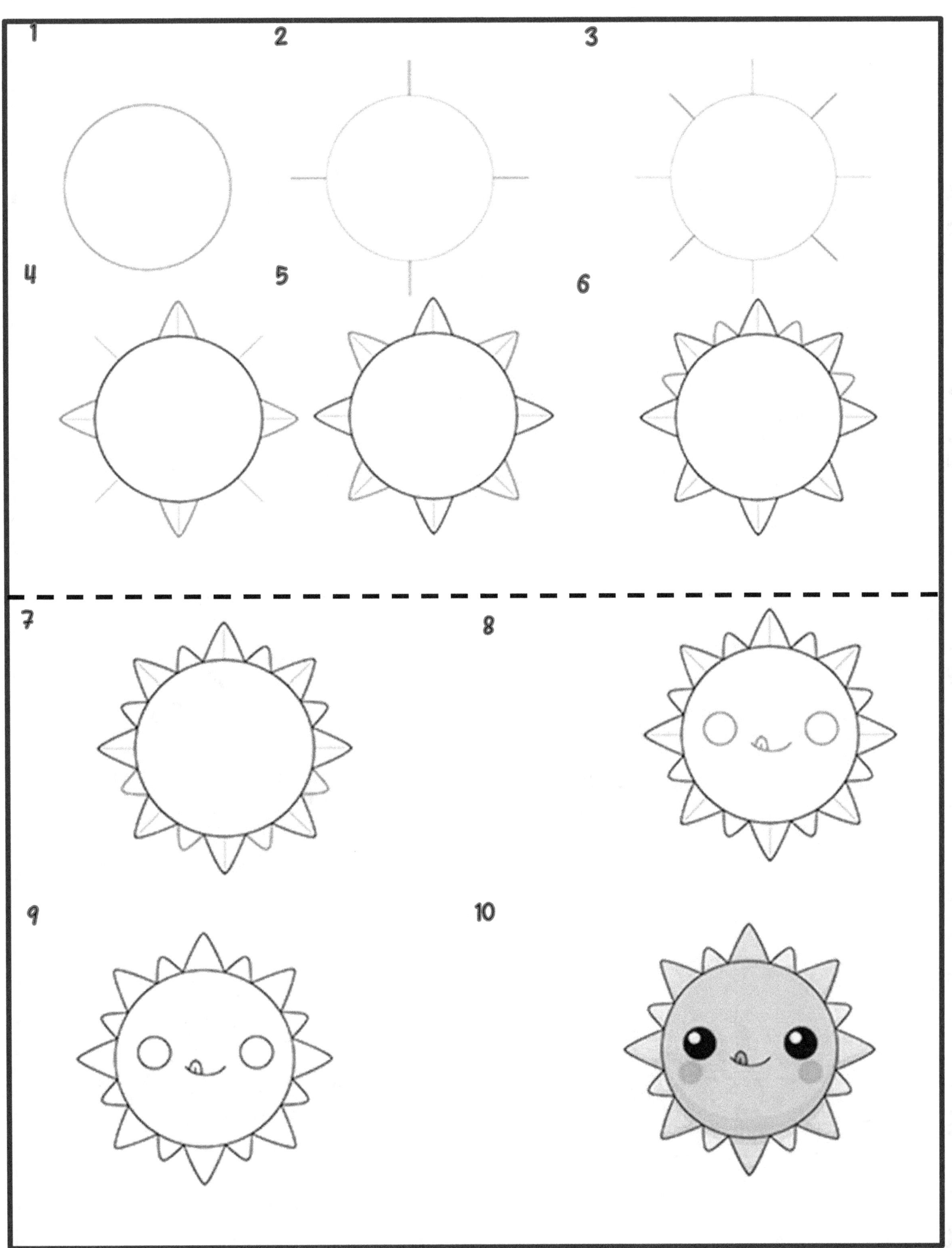

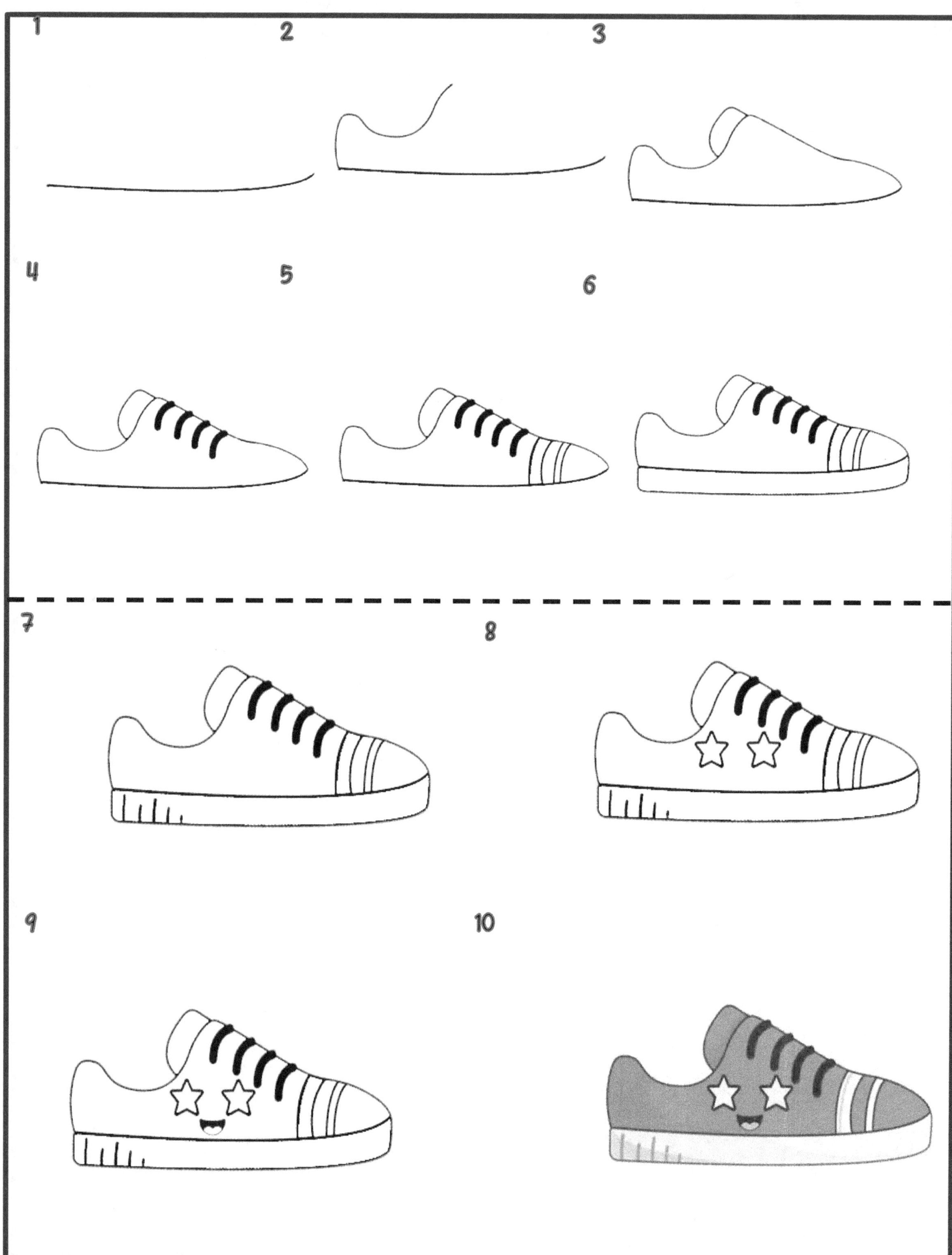

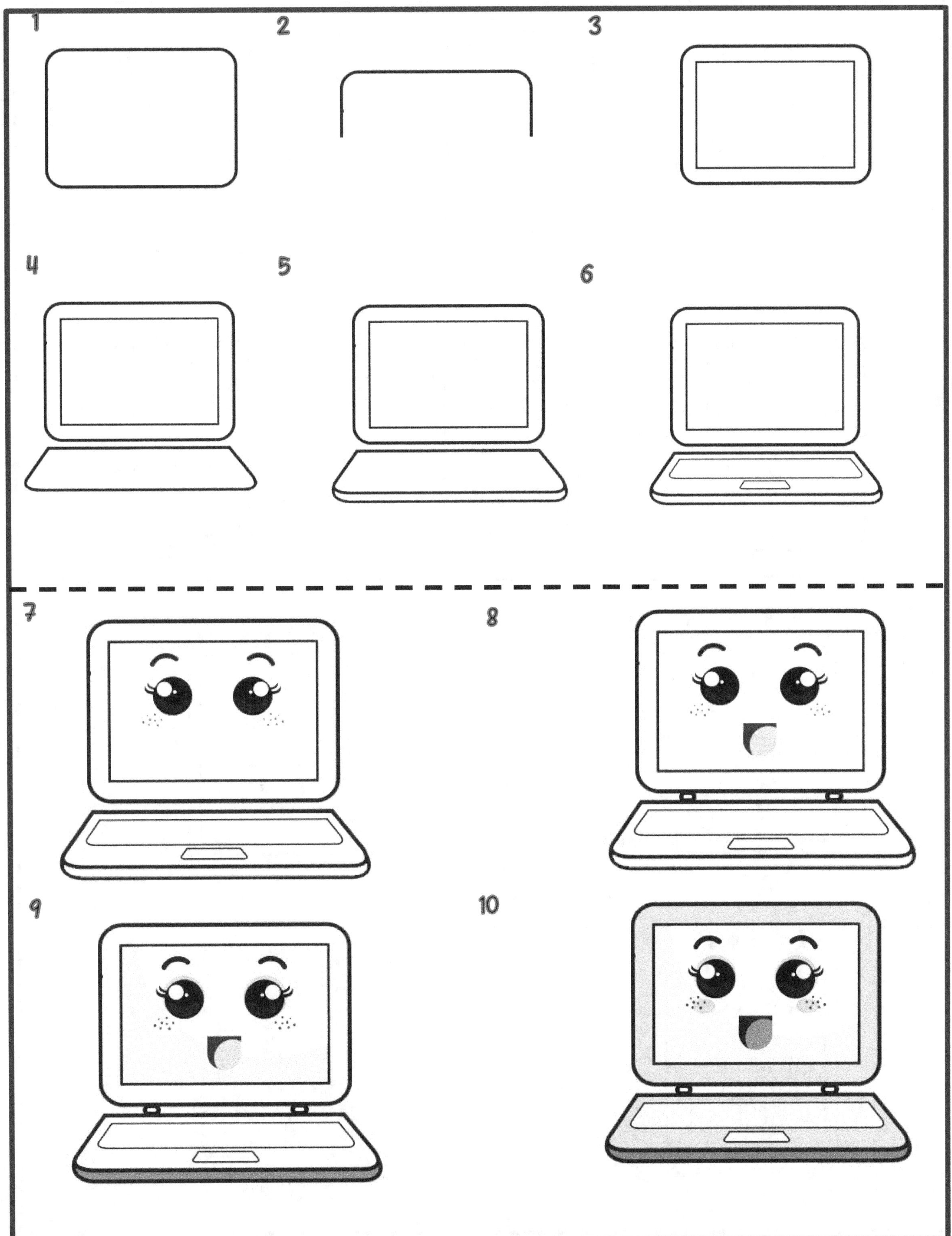

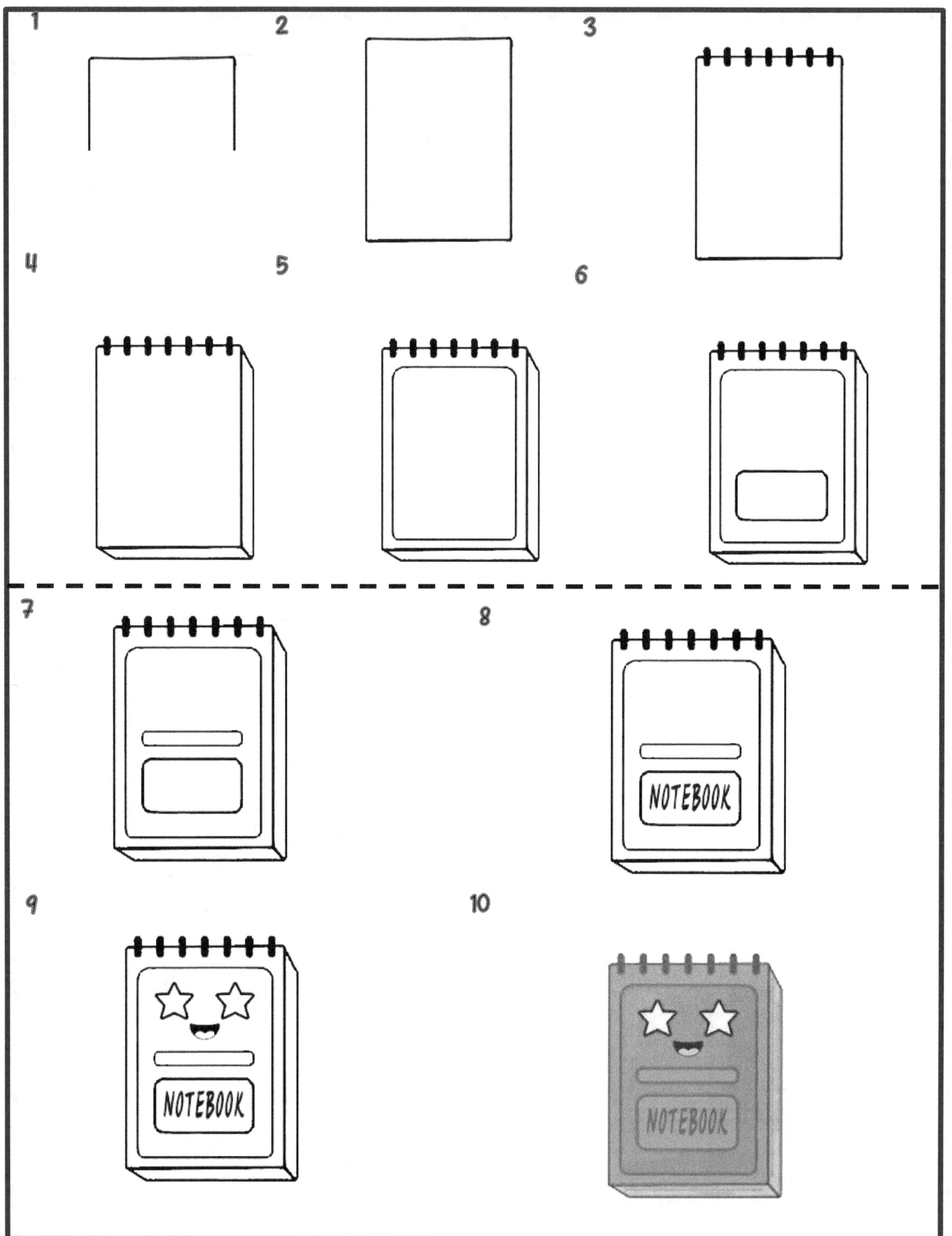

NOTEBOOK
NOTEBOOK
NOTEBOOK
NOTEBOOK

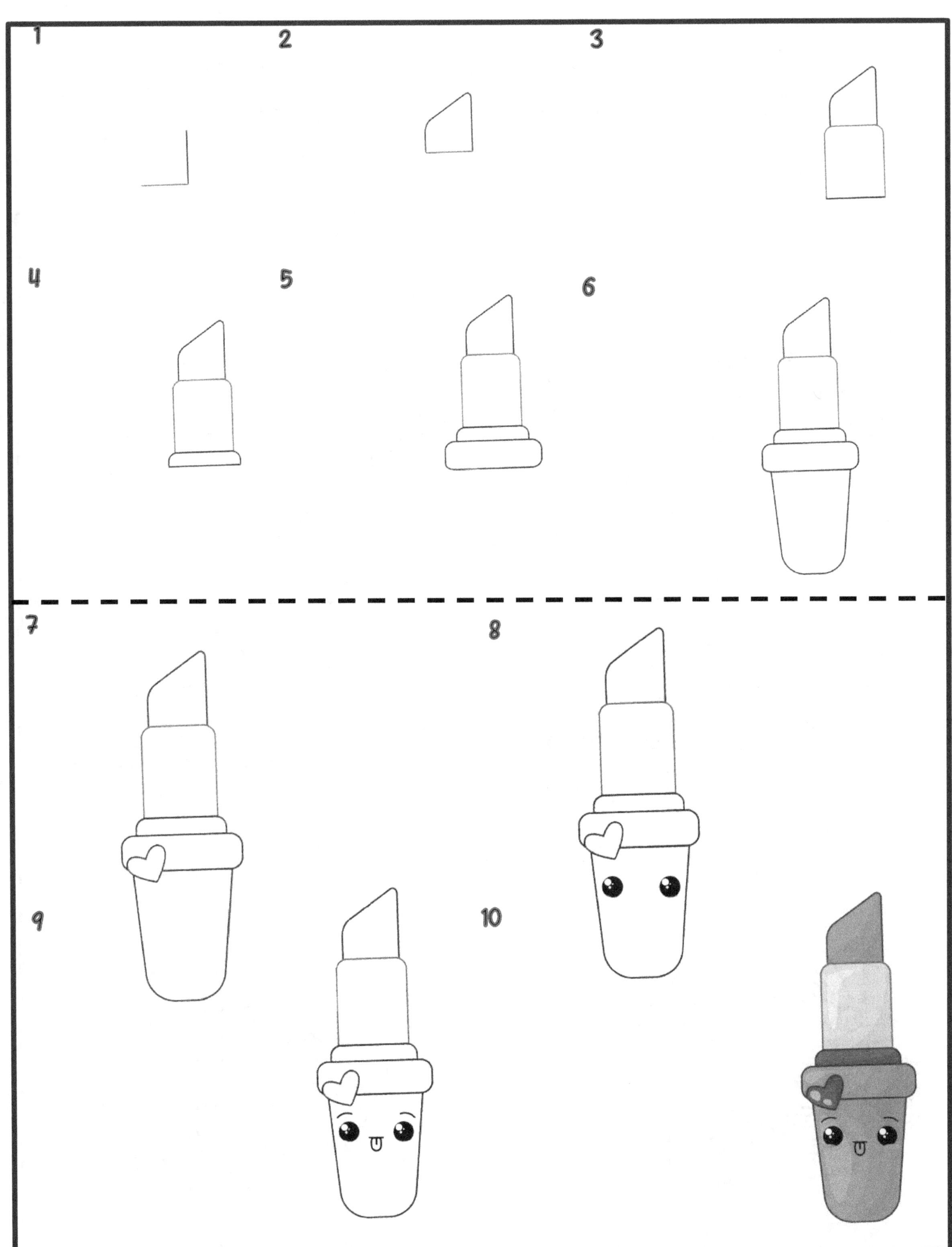
1
2
3
4
5
6
7
8
9
10

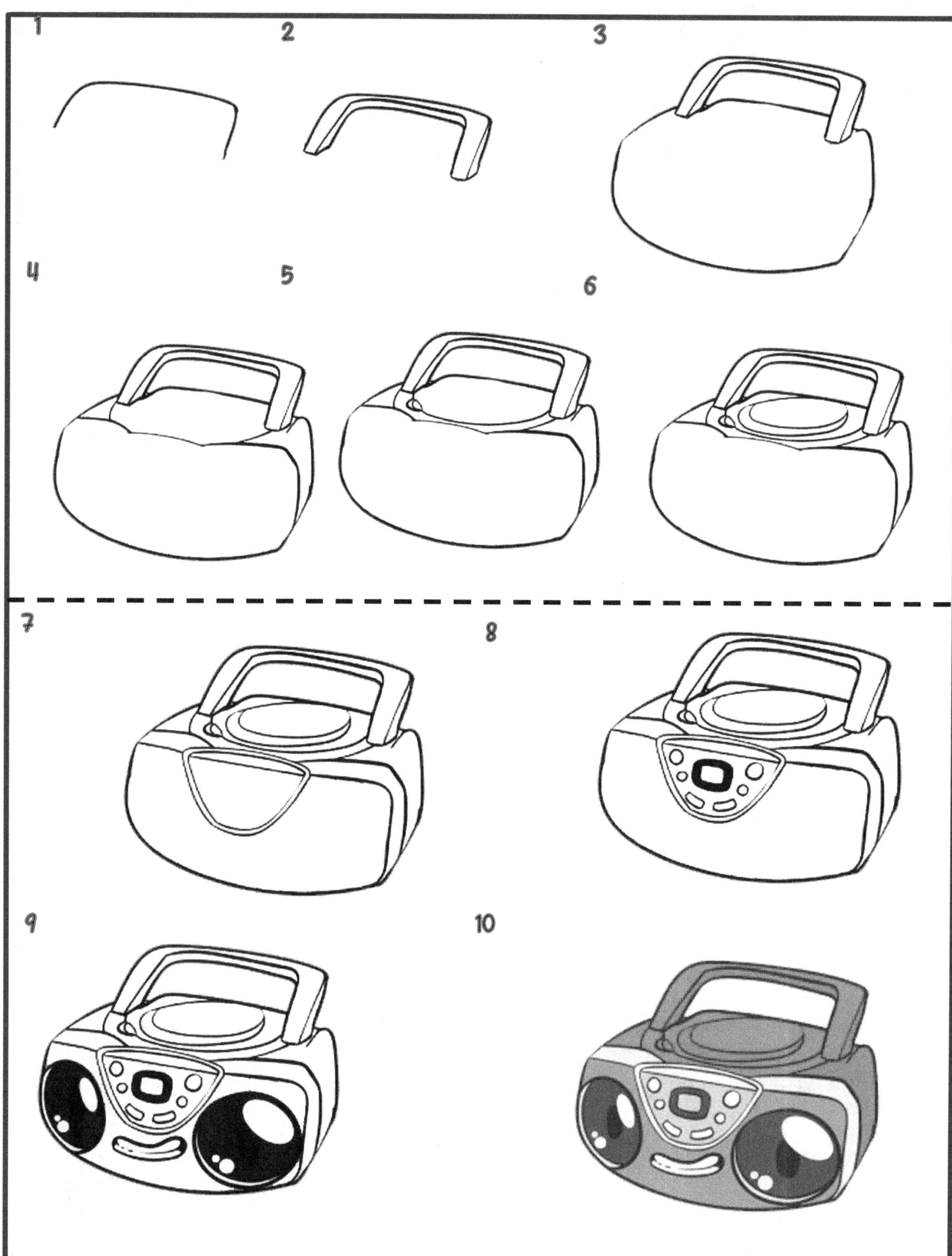

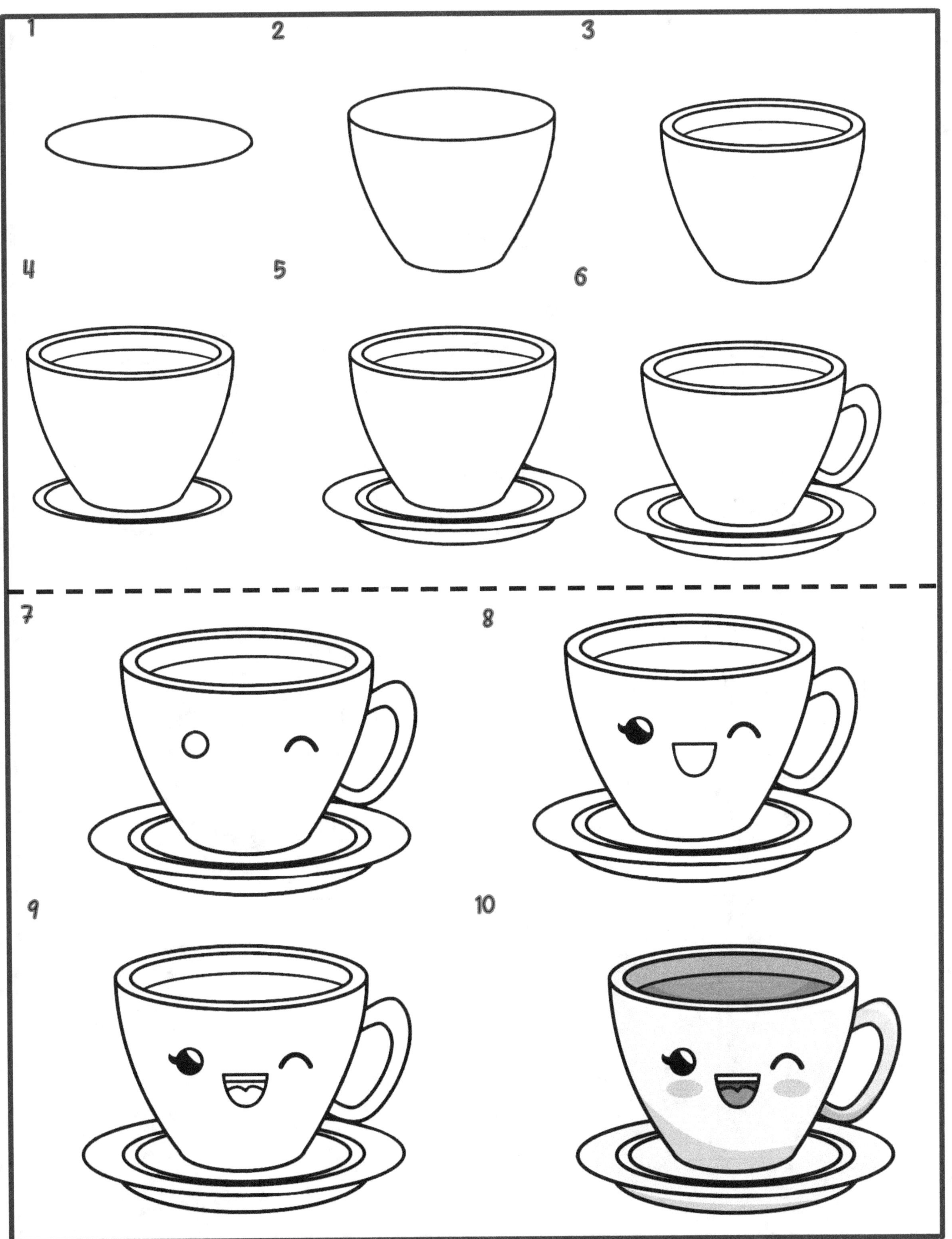

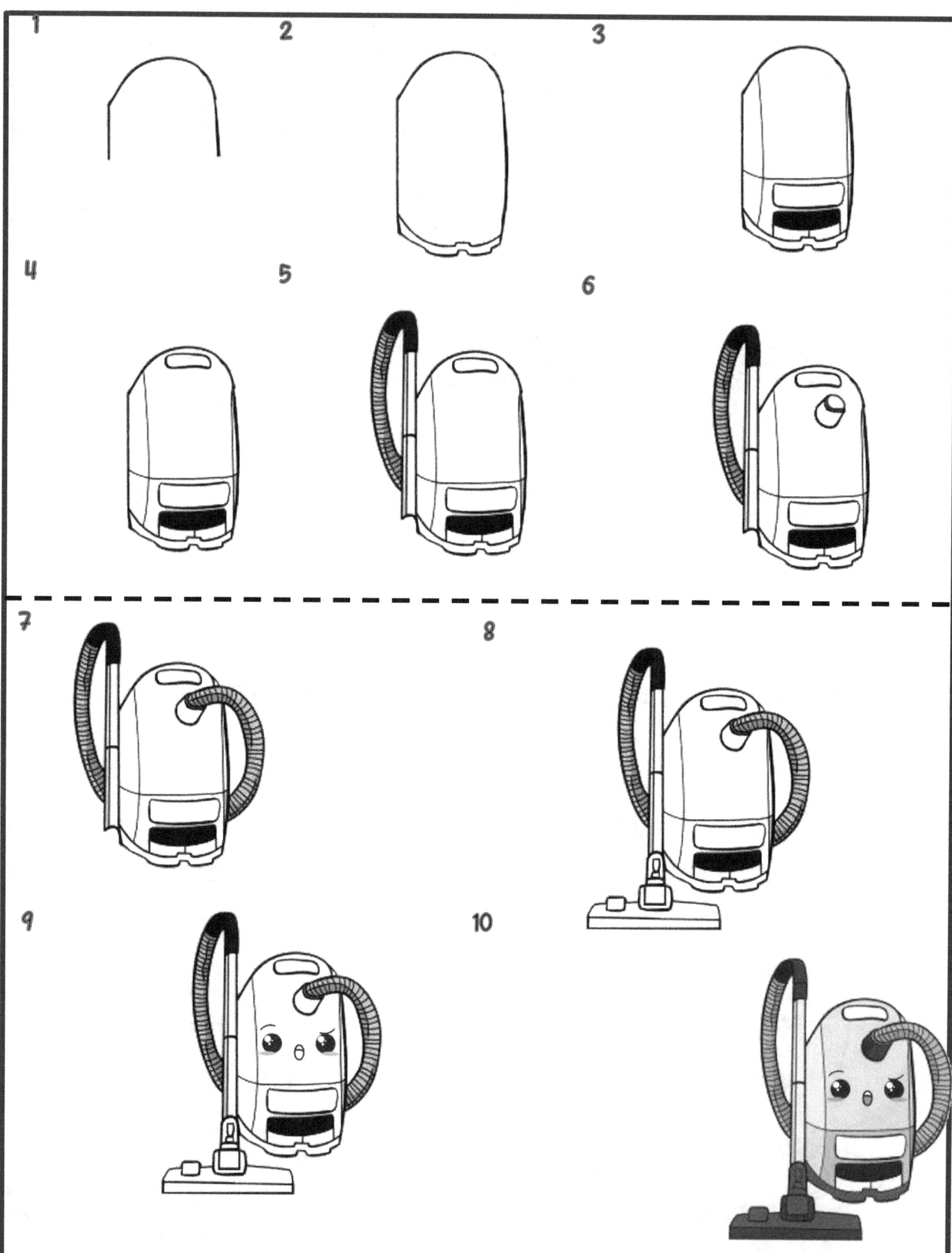

1
2
3
4
5
6
7
8
9
10

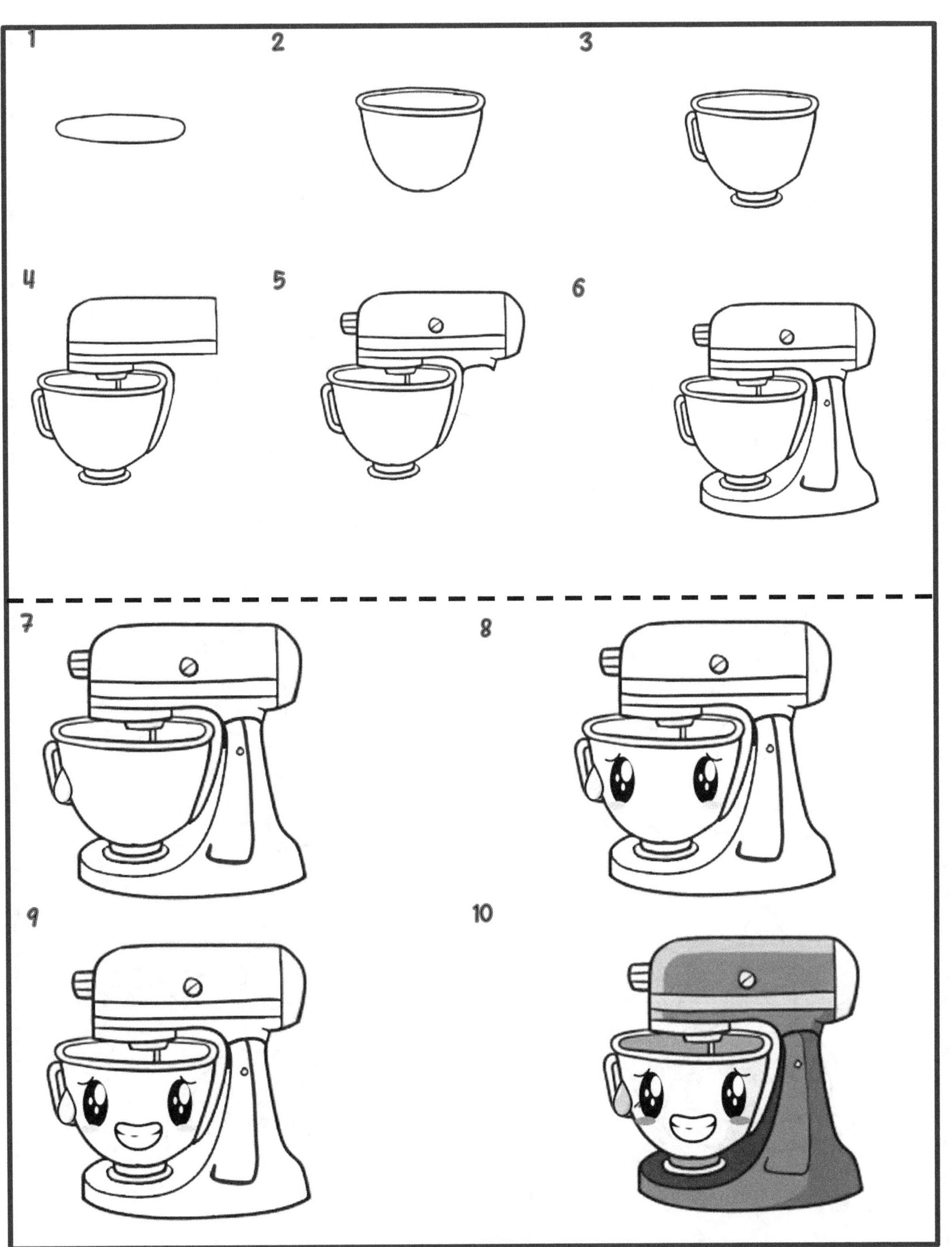

1
2
3
4
5
6
7
8
9
10

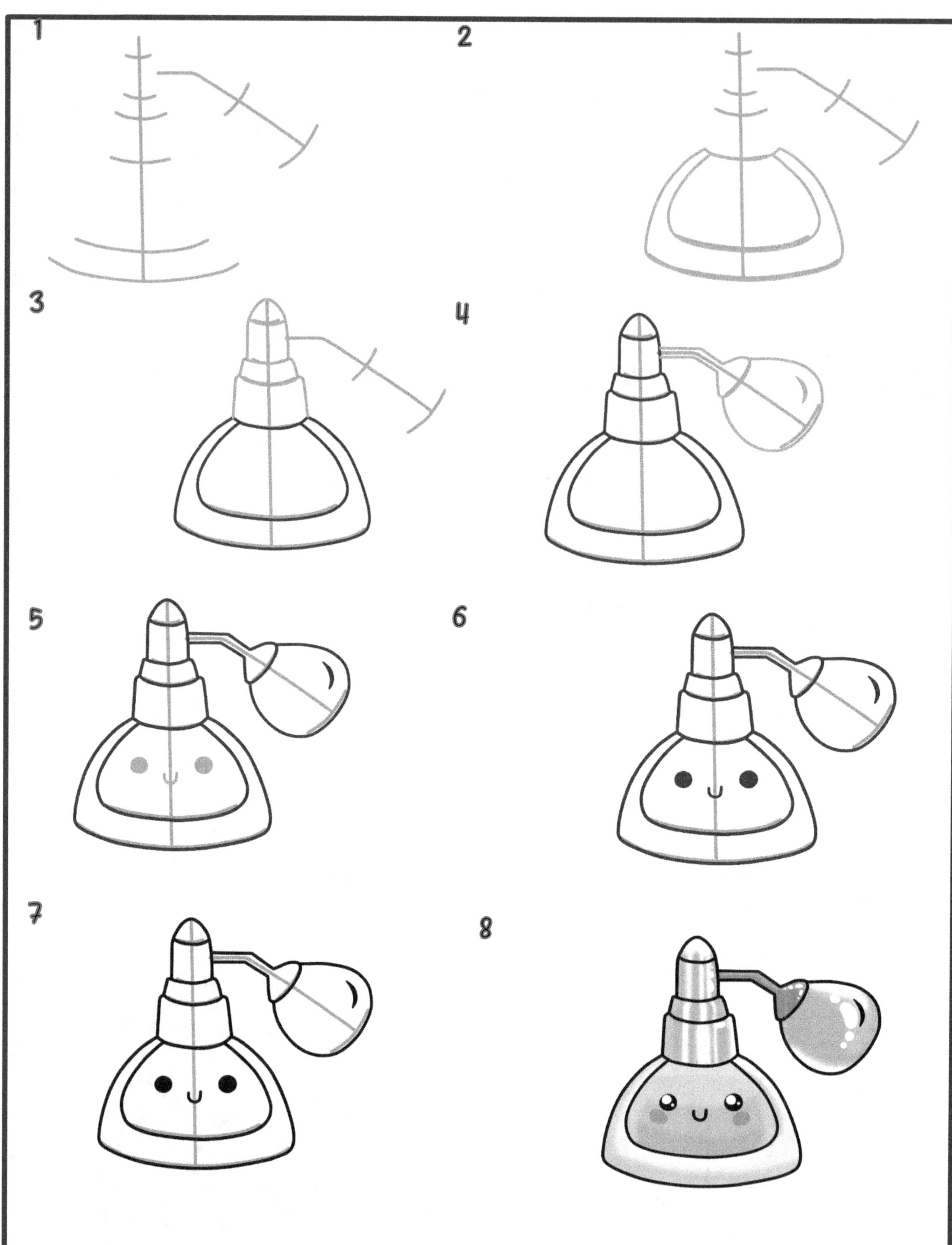

1
2
3
4
5
6
7
8

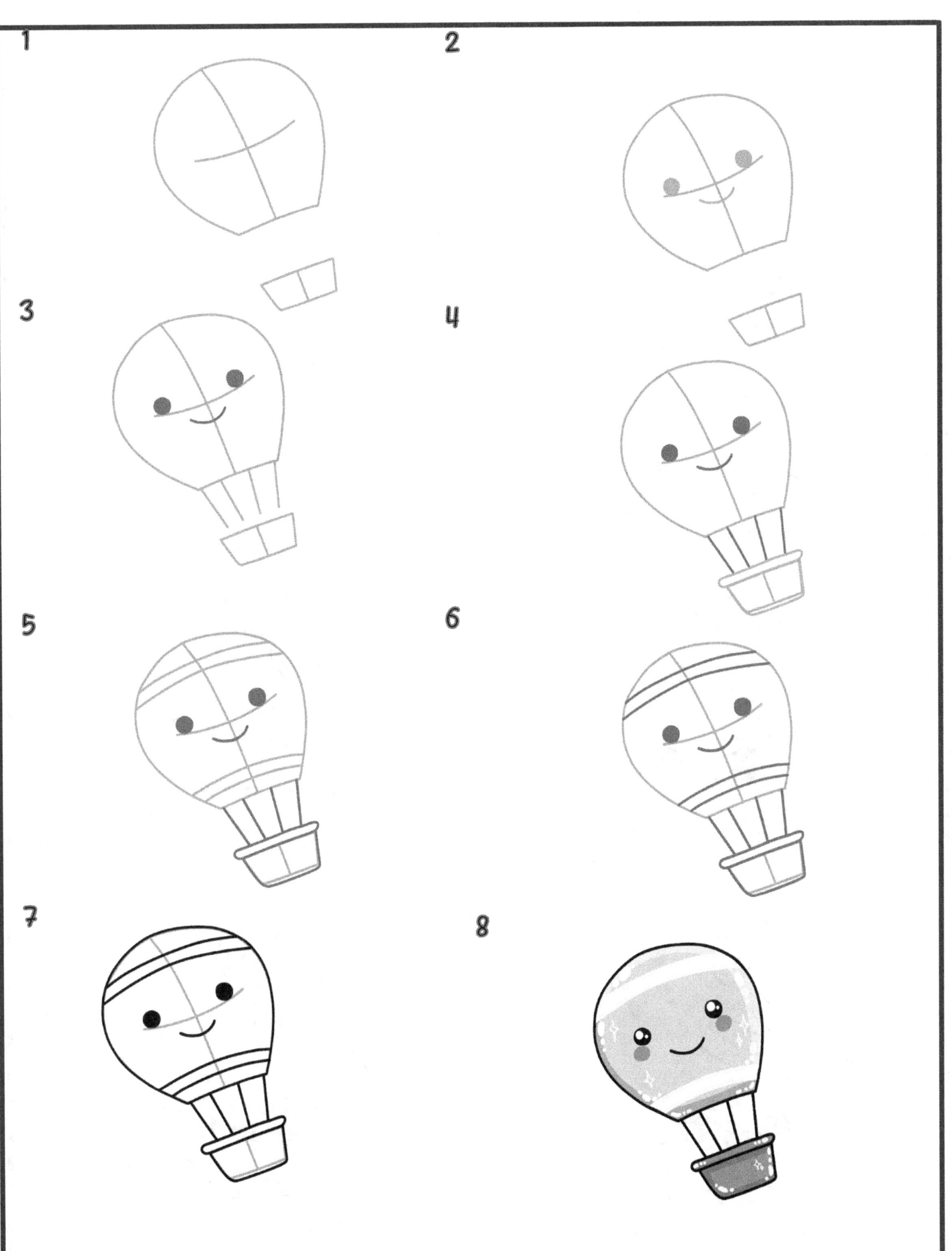

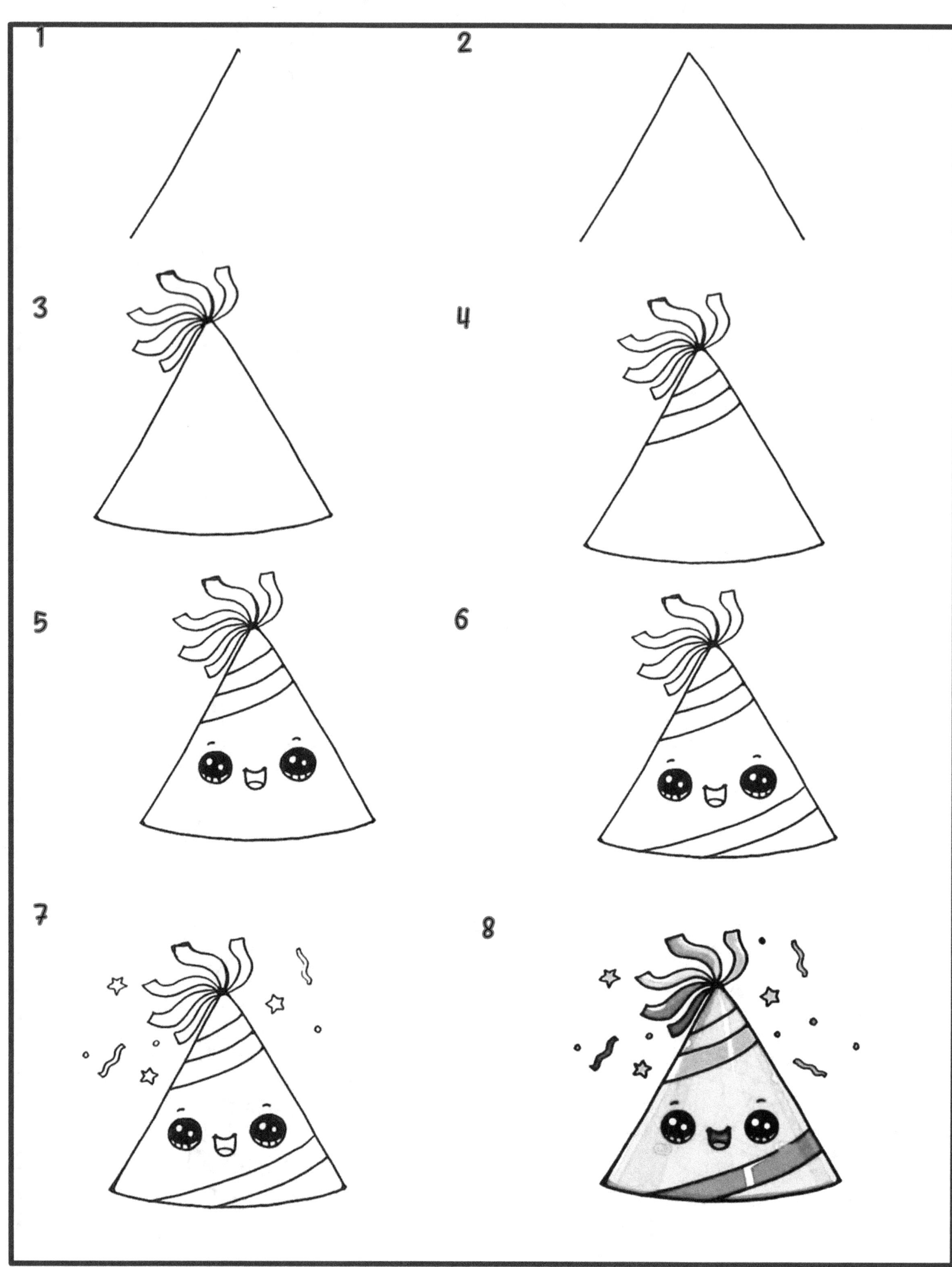

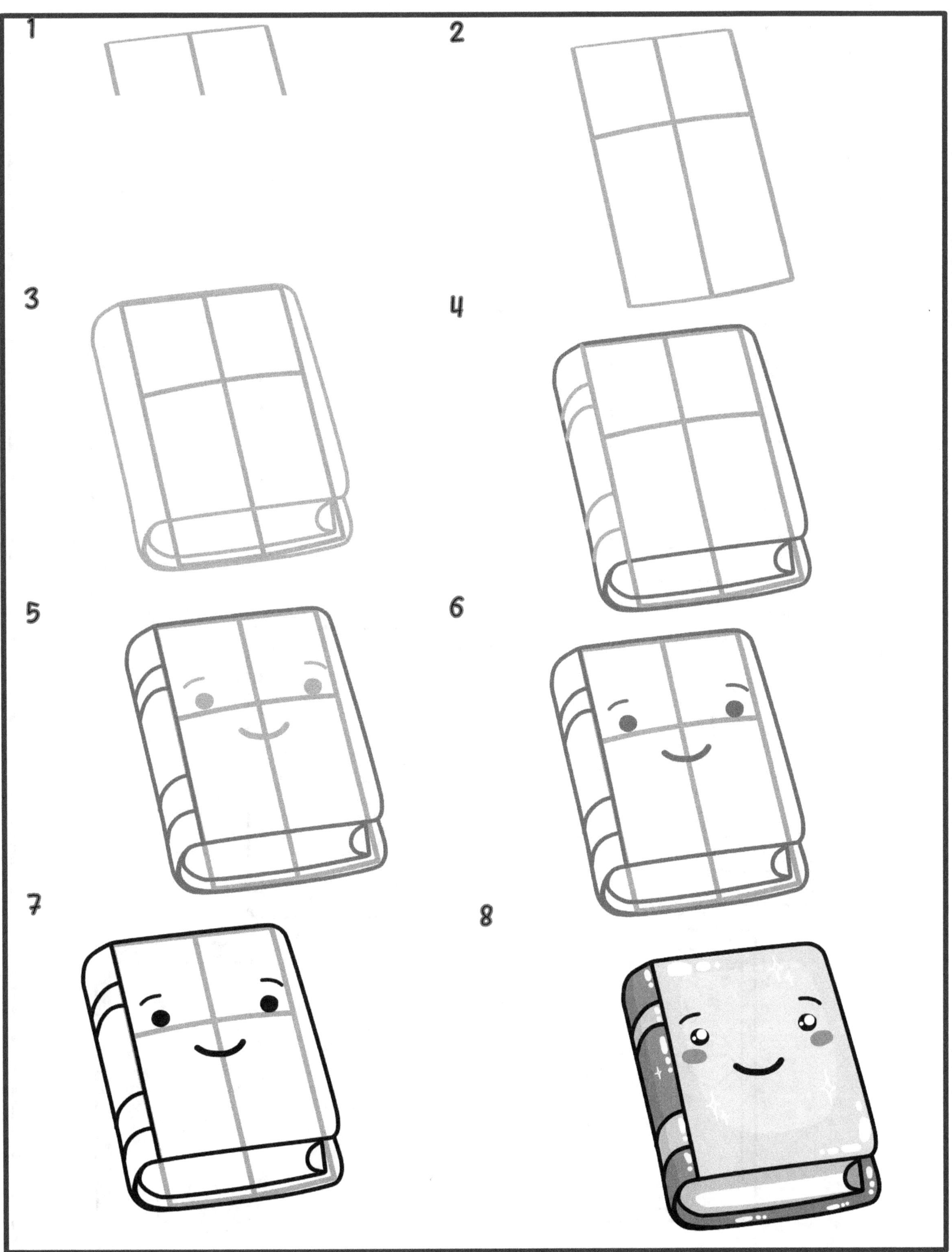

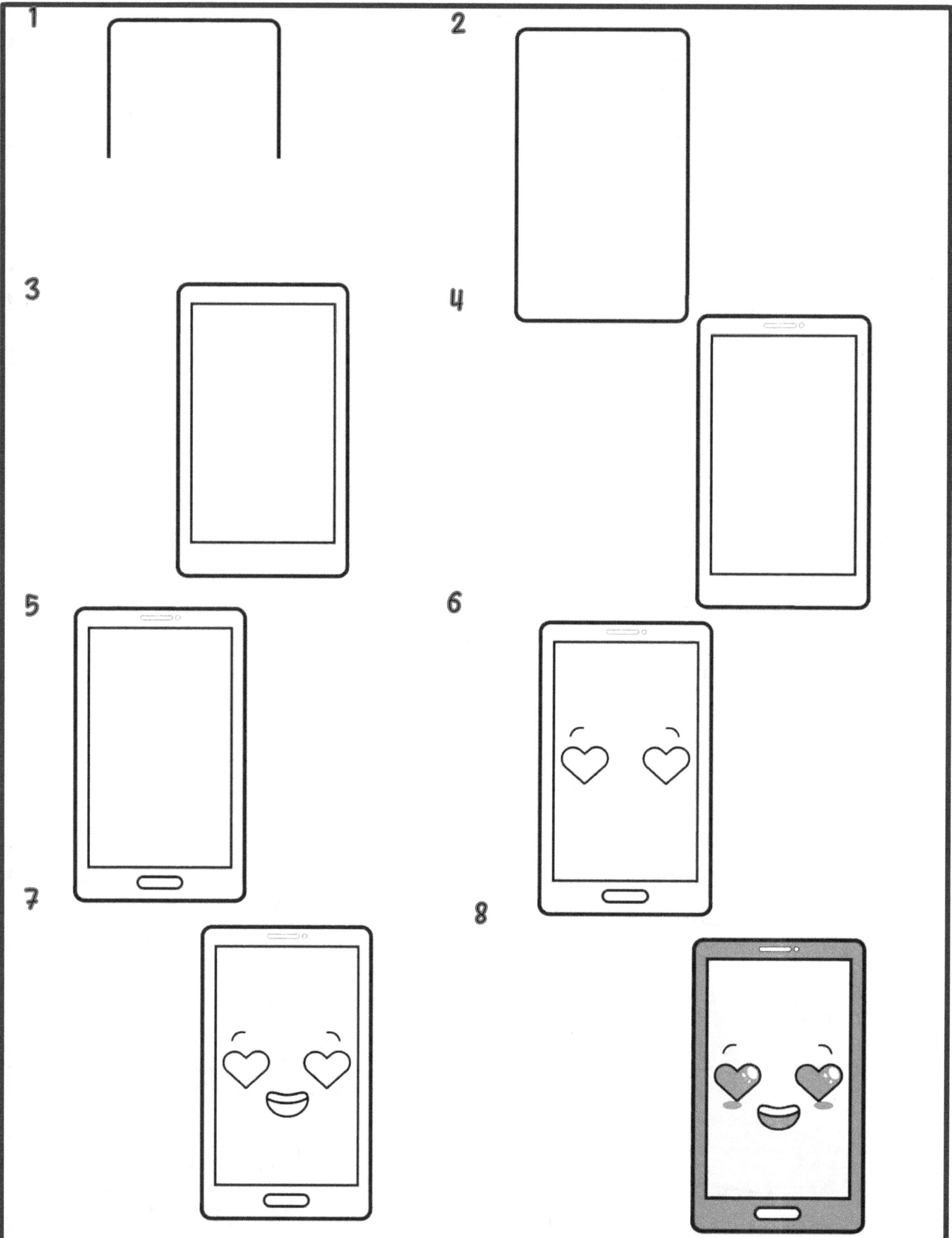

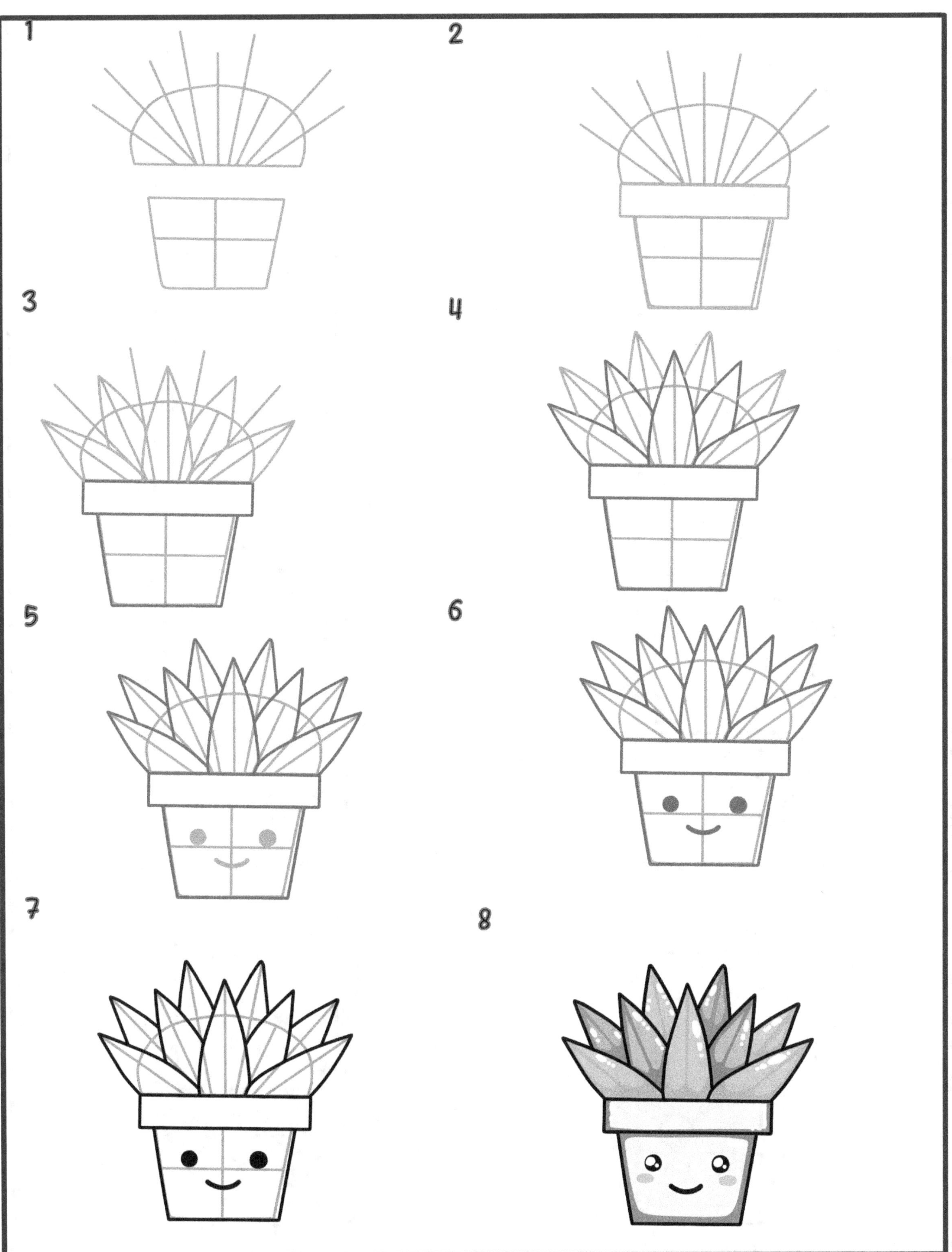

1
2
3
4
5
6
7
8

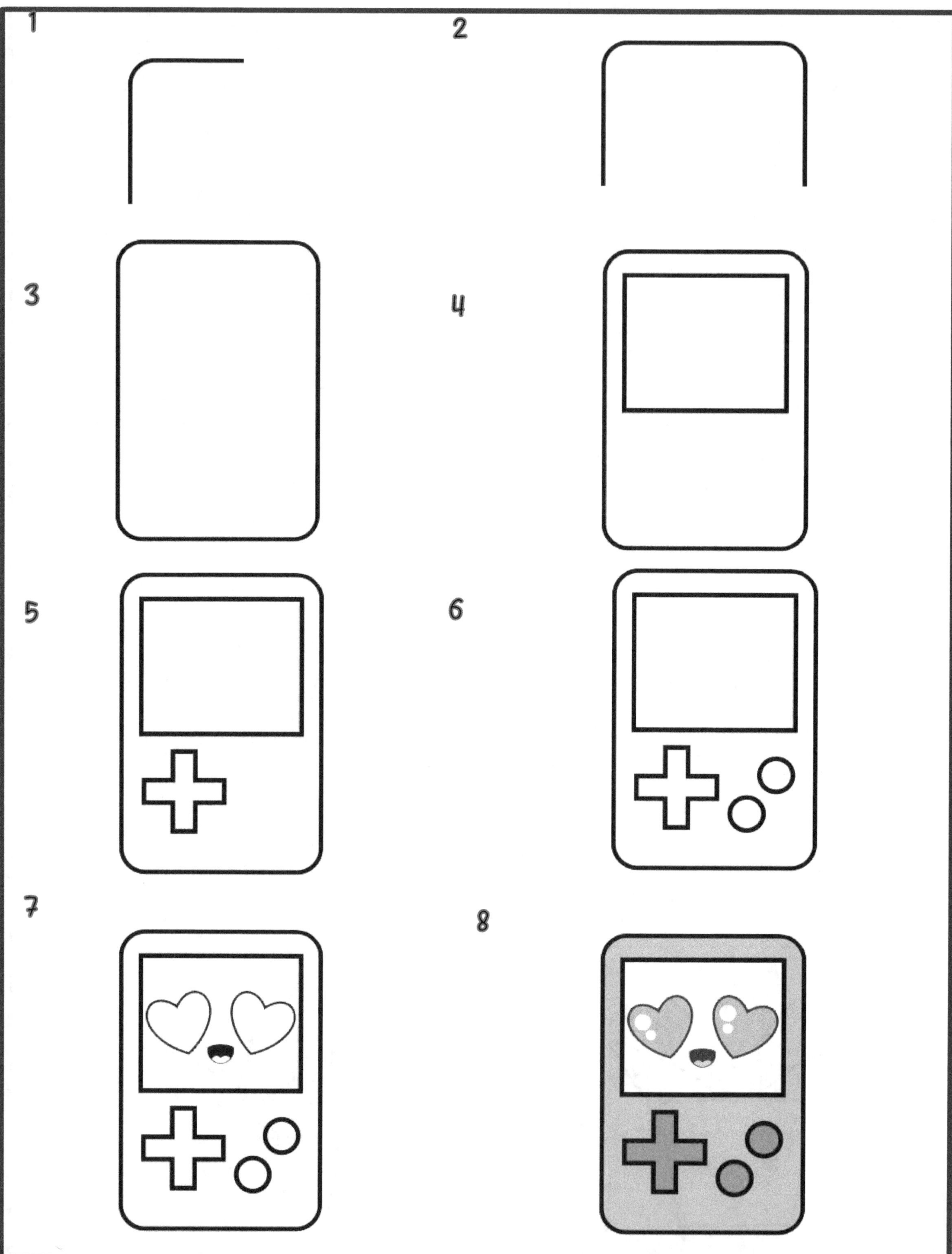
1
2
3
4
5
6
7
8

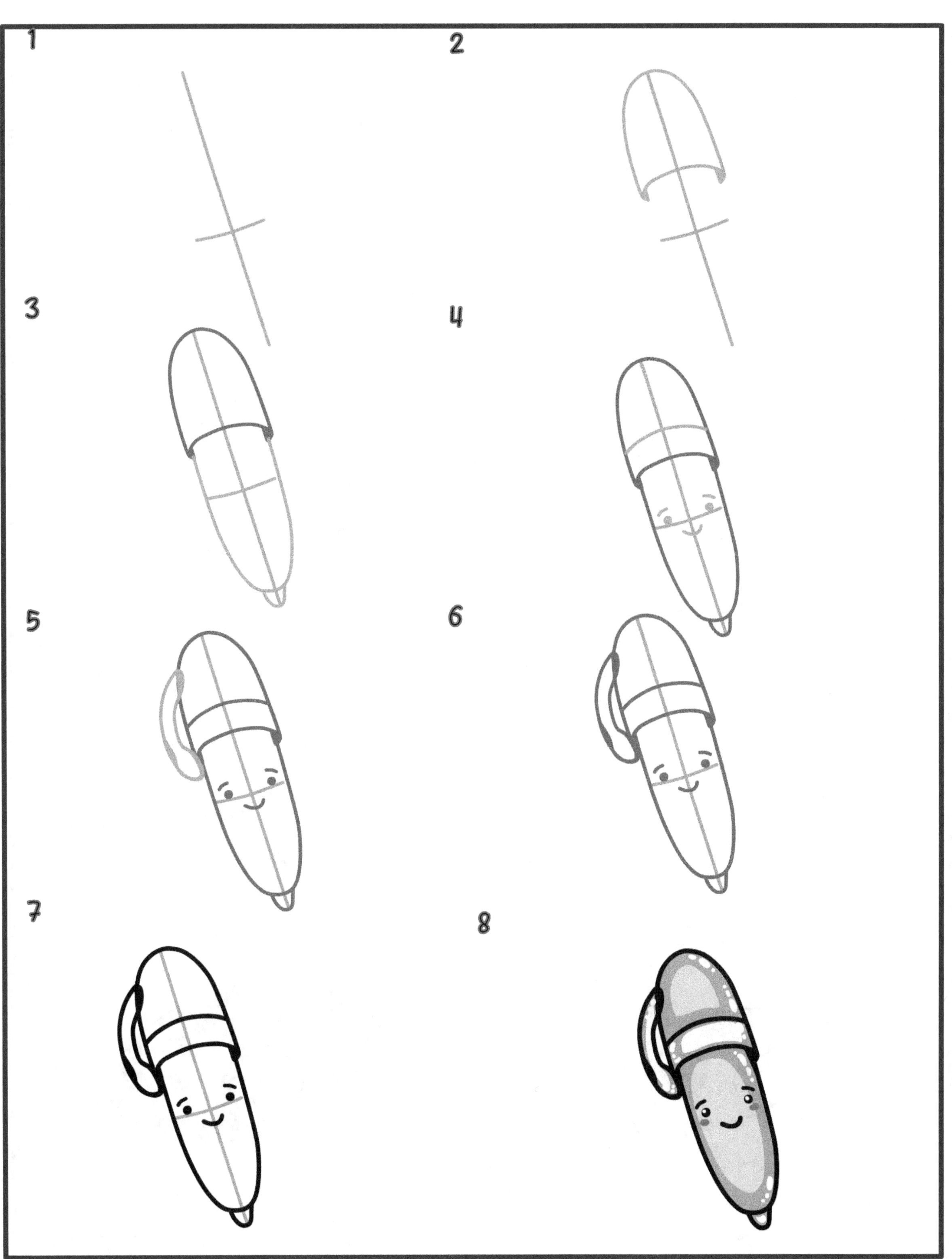

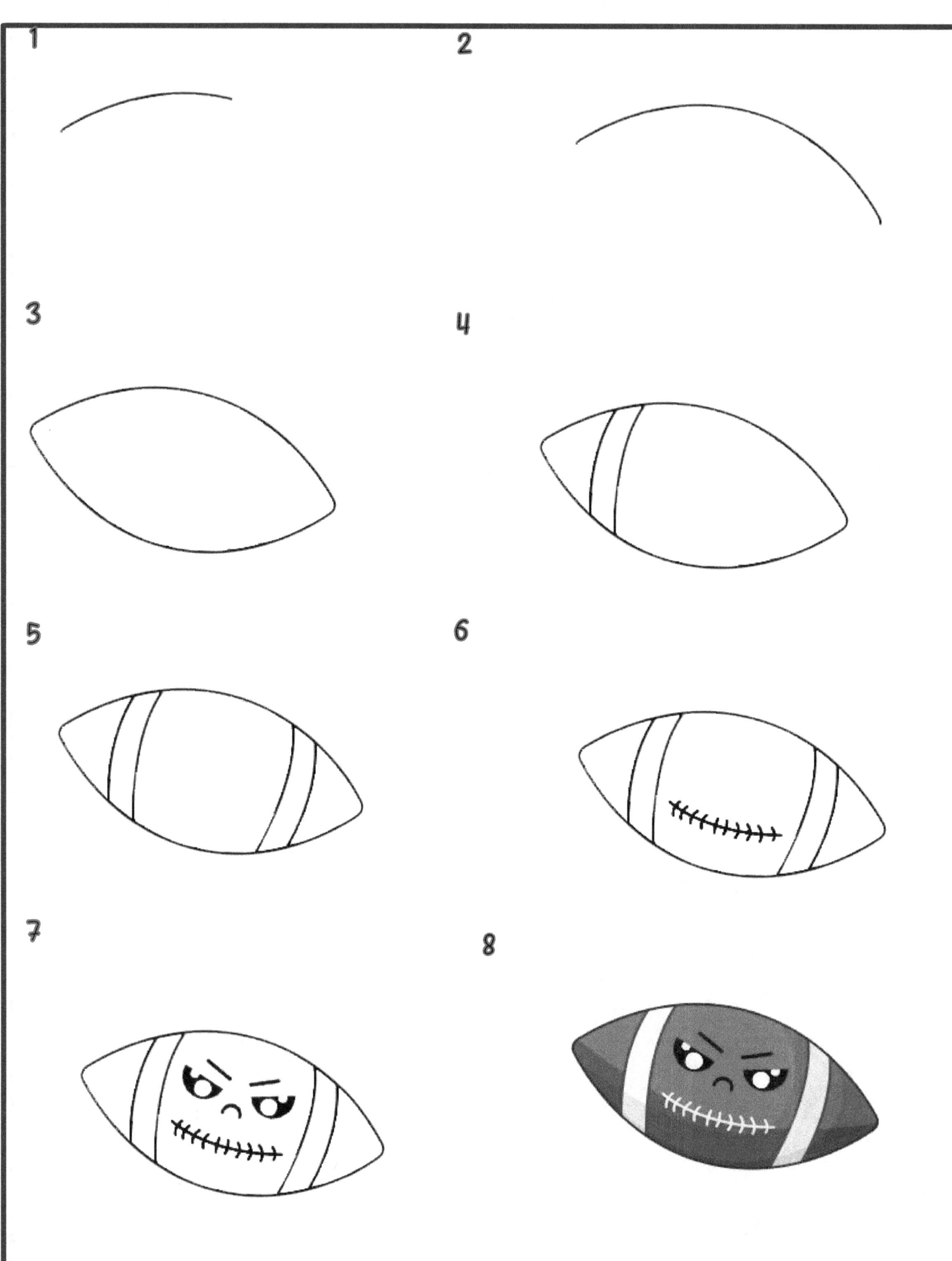

1
2
3
4
5
6
7
8

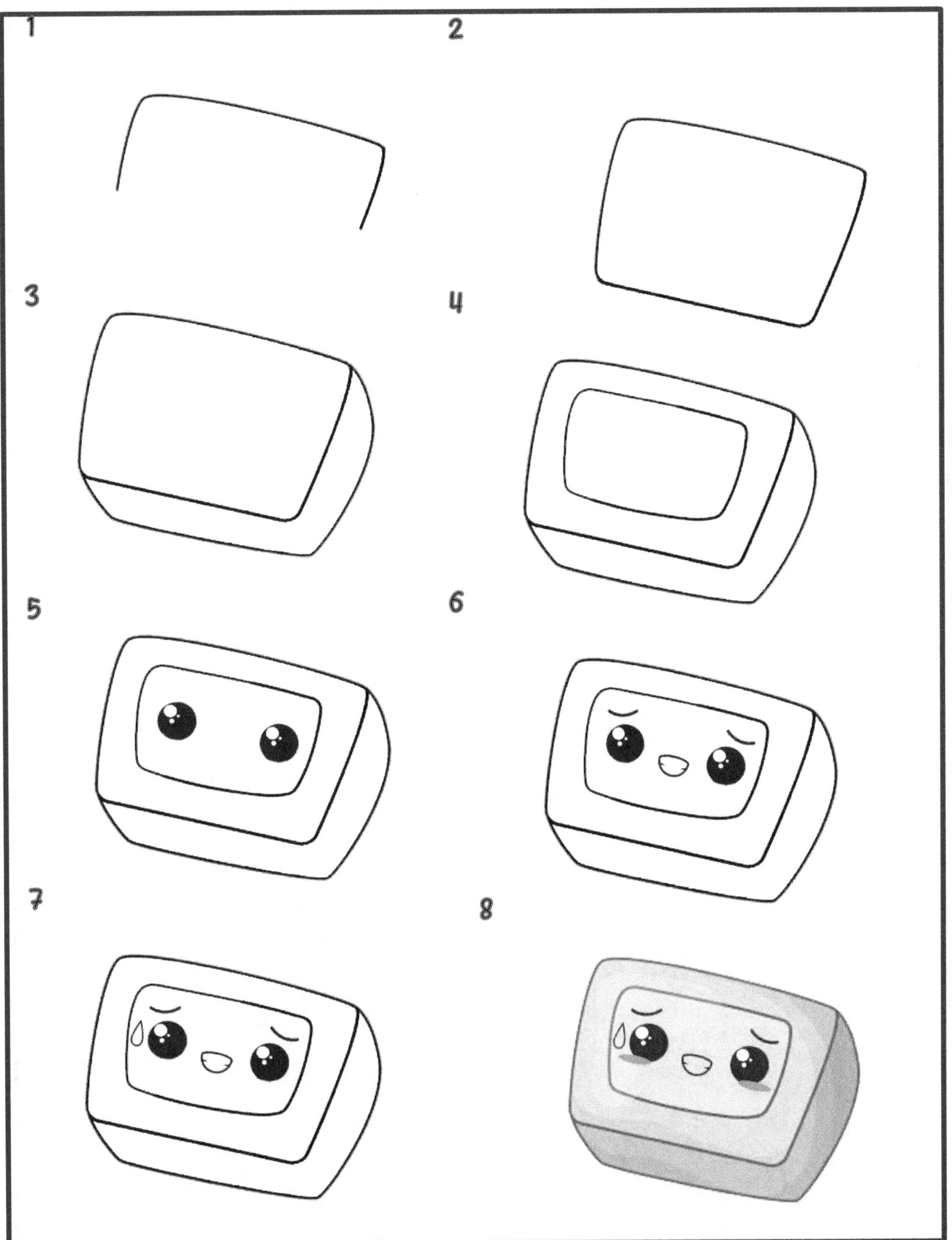

1
2
3
4
5
6
7
8

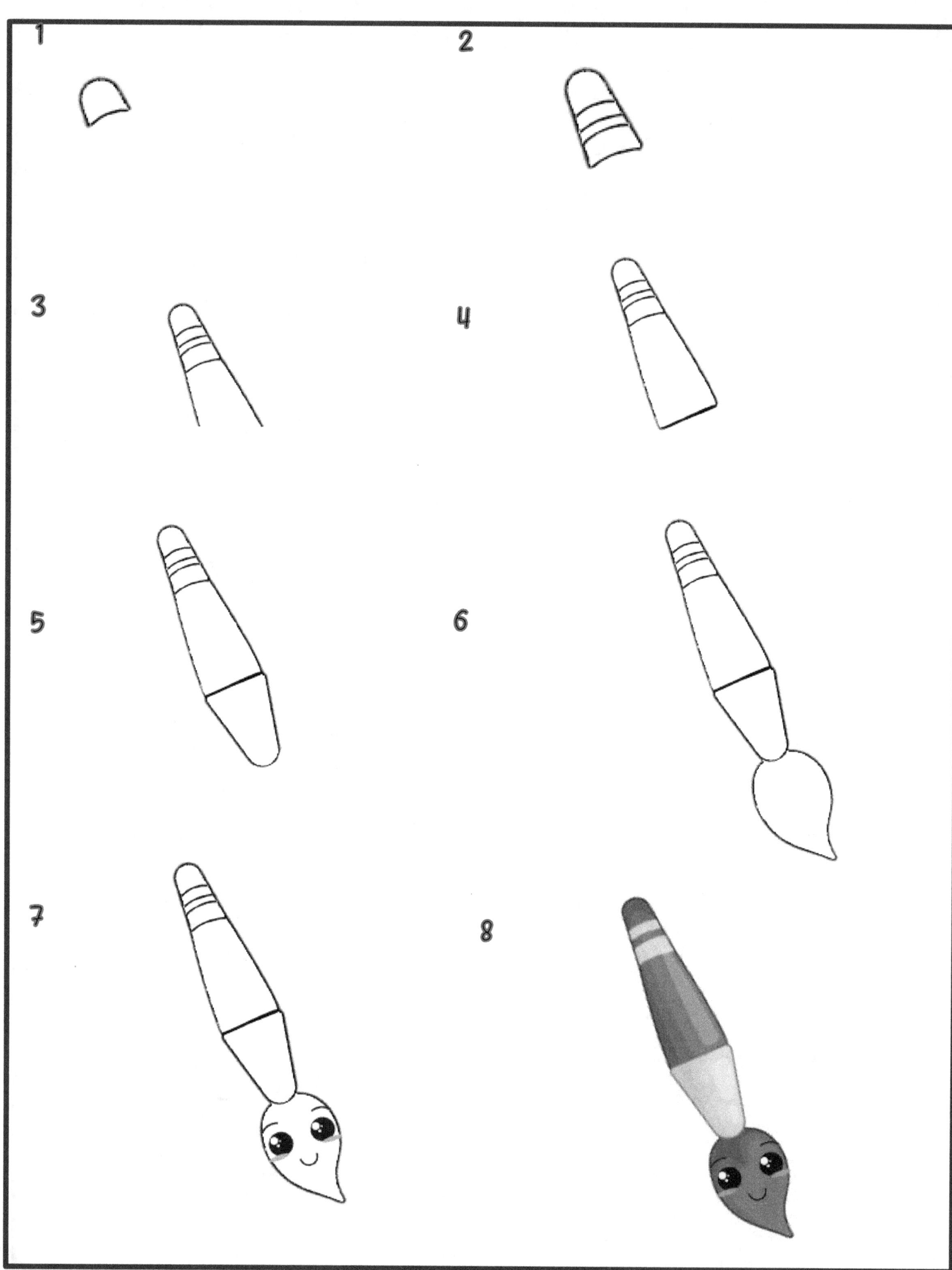

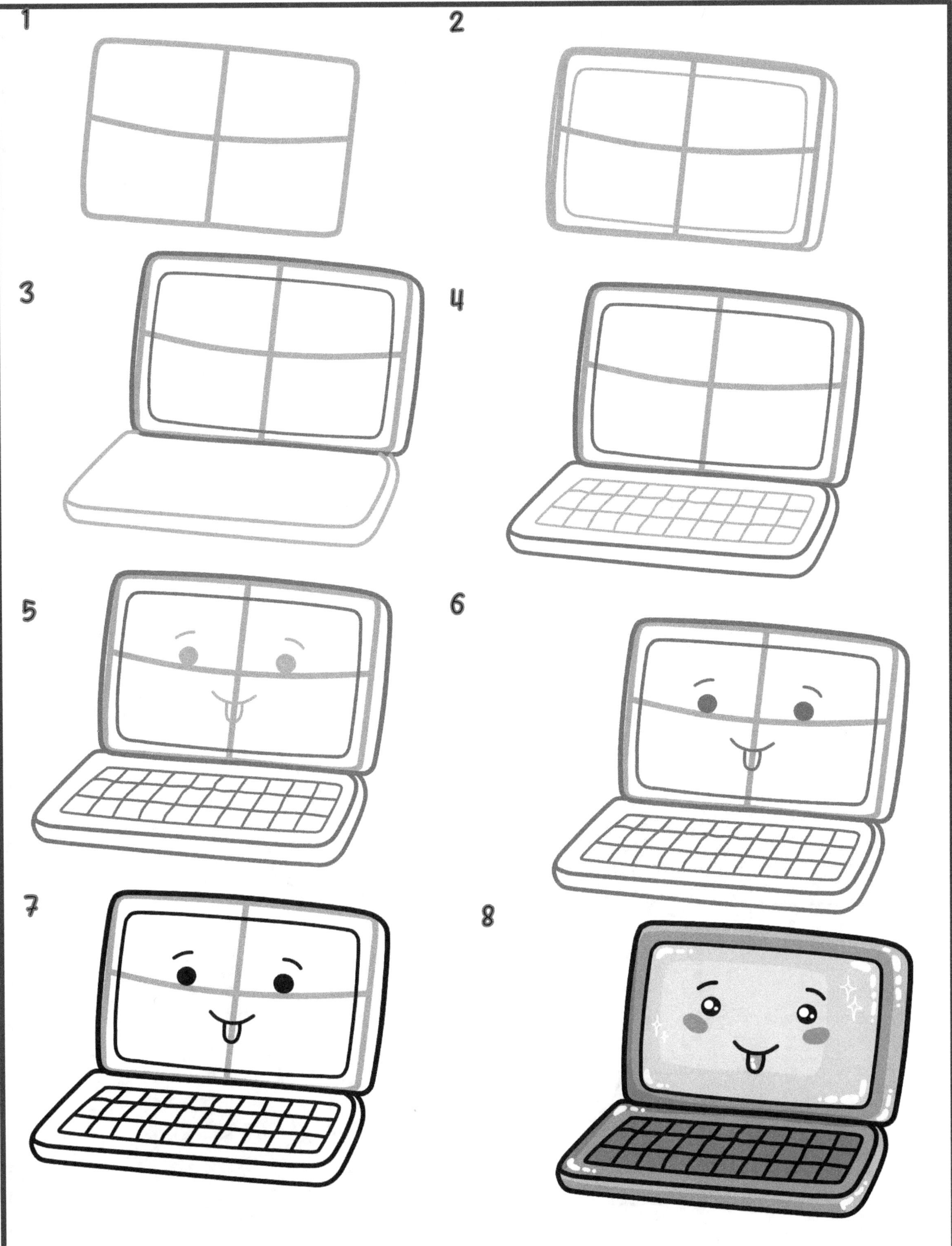
1
2
3
4
5
6
7
8

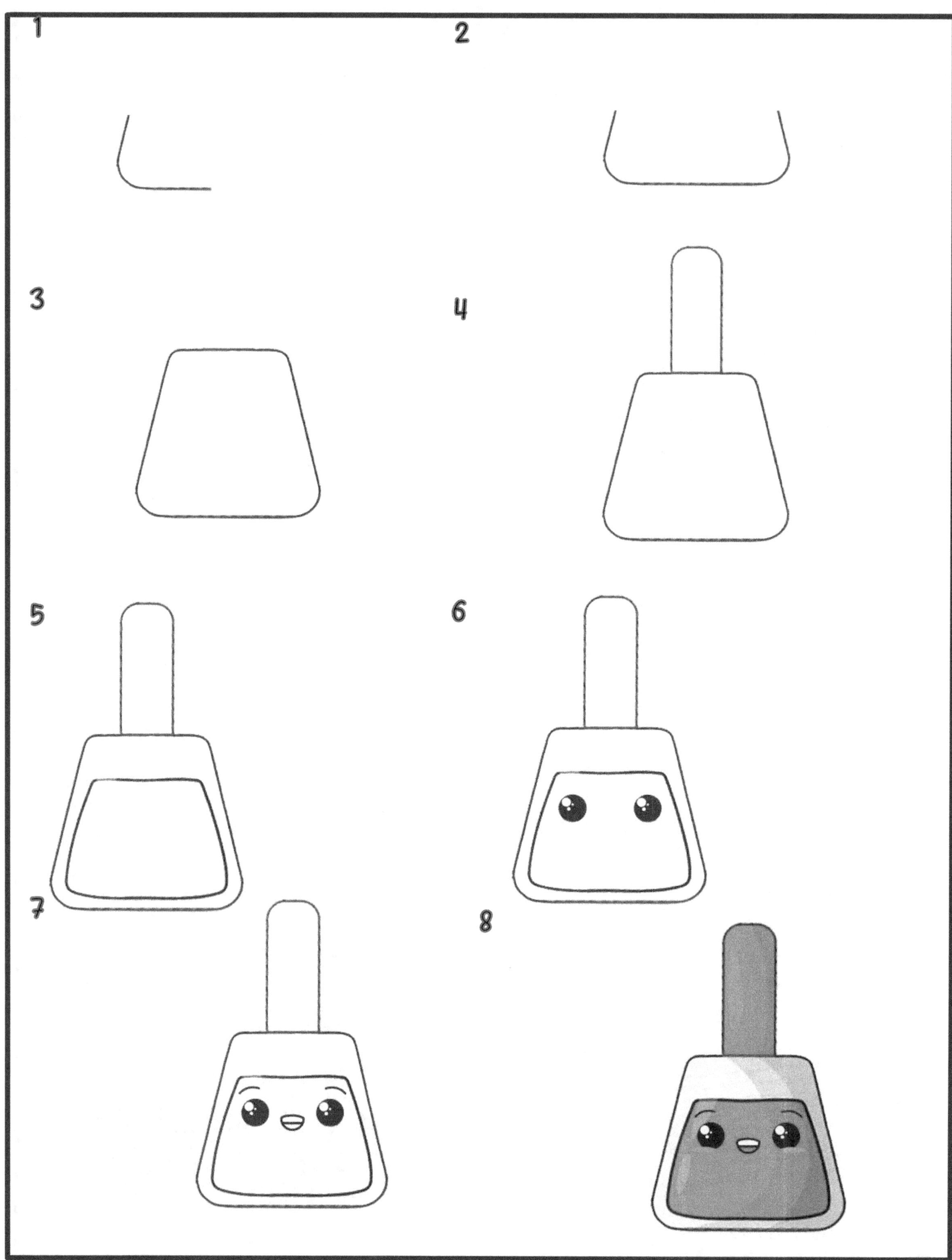

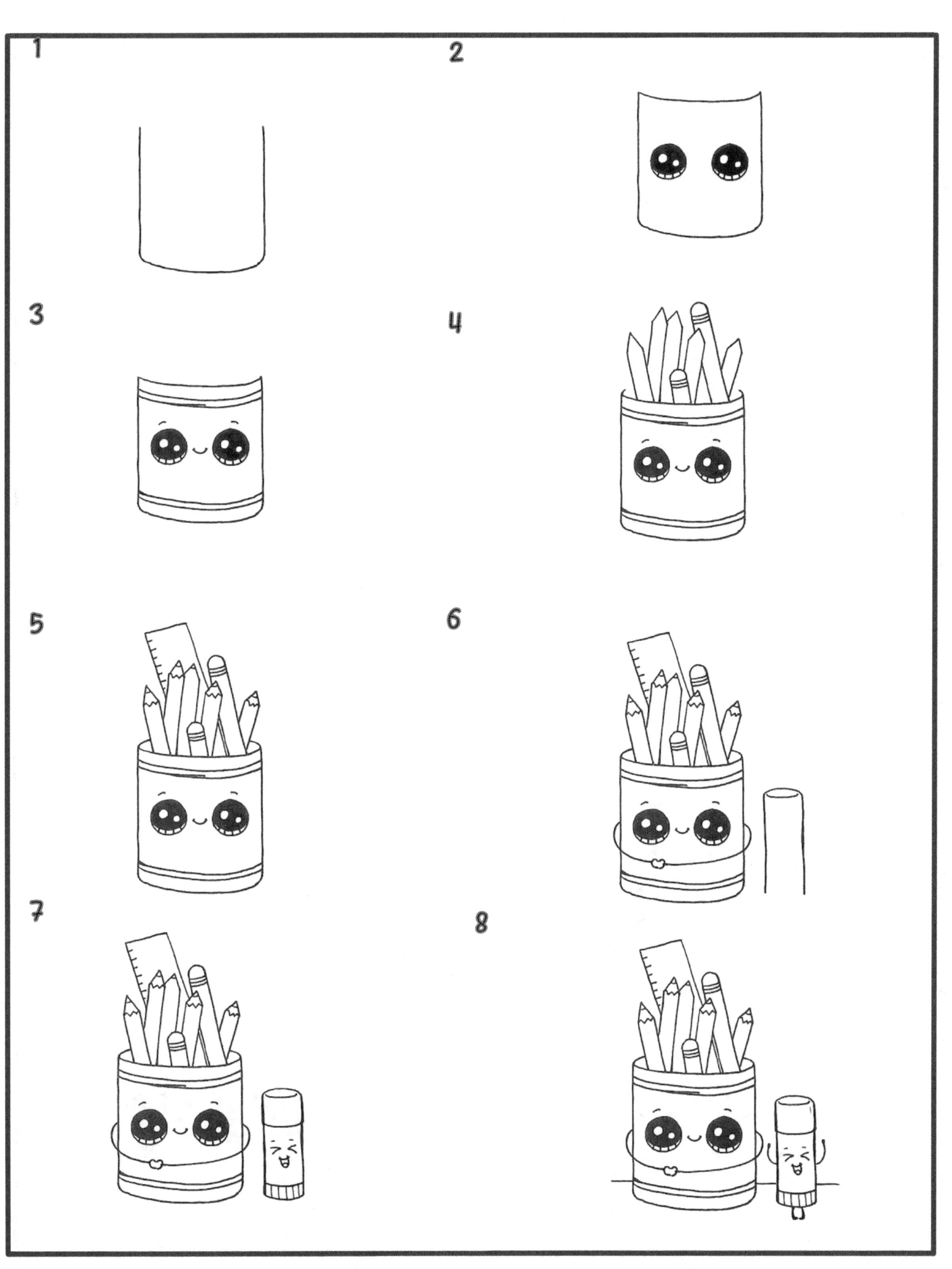

1
2
3
4
5
6
7
8

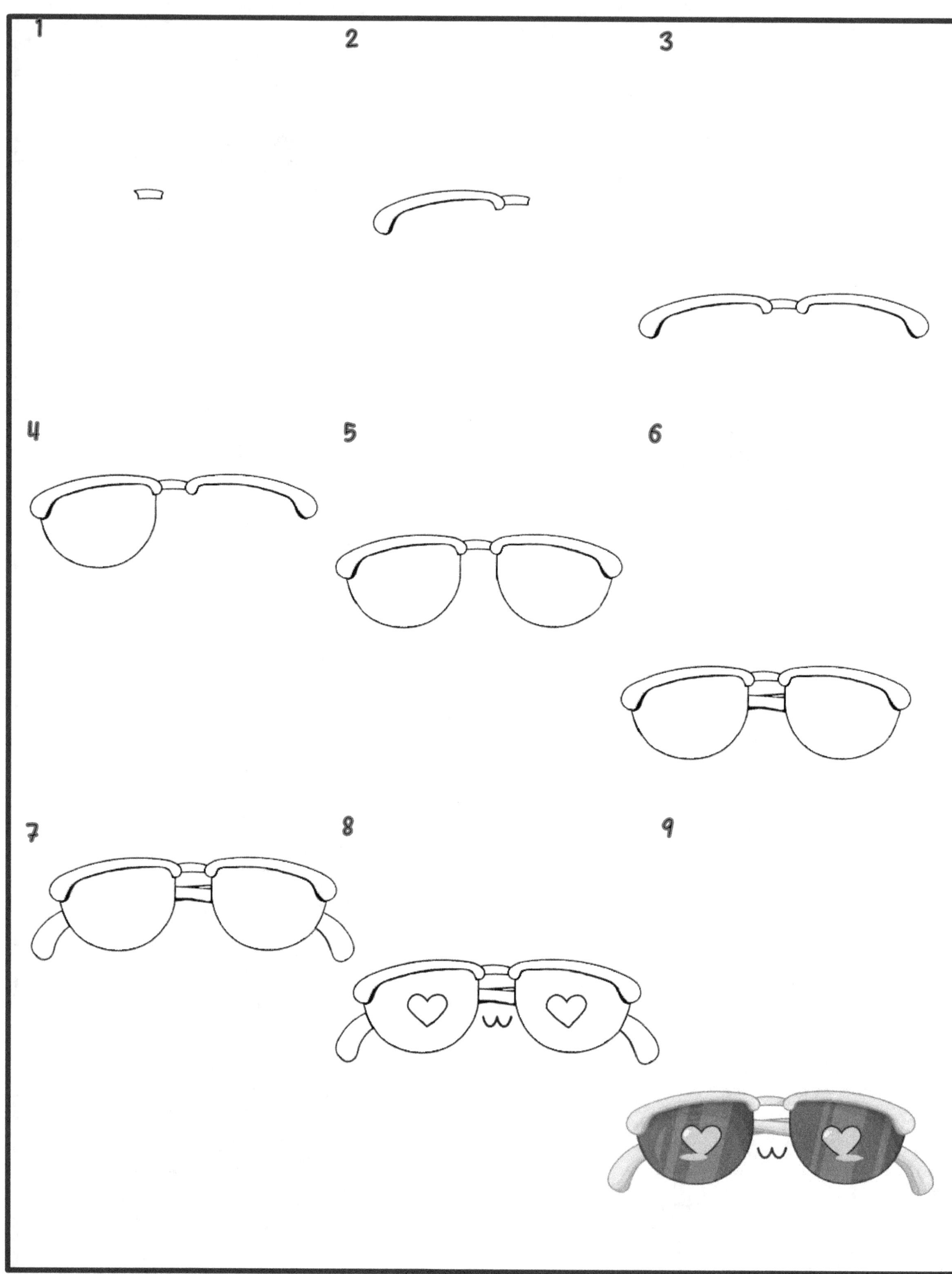

1
2
3
4
5
6
7
8
9

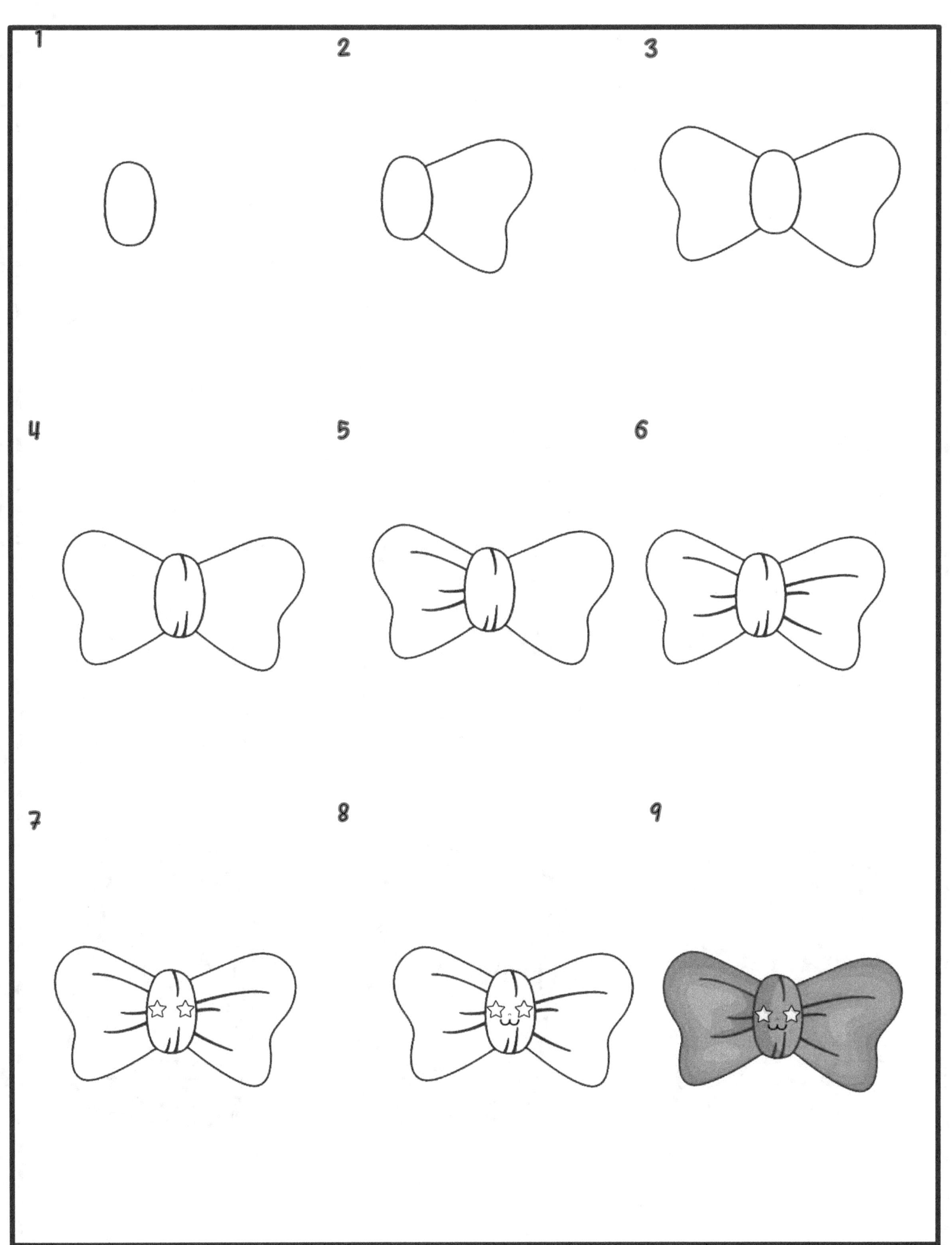

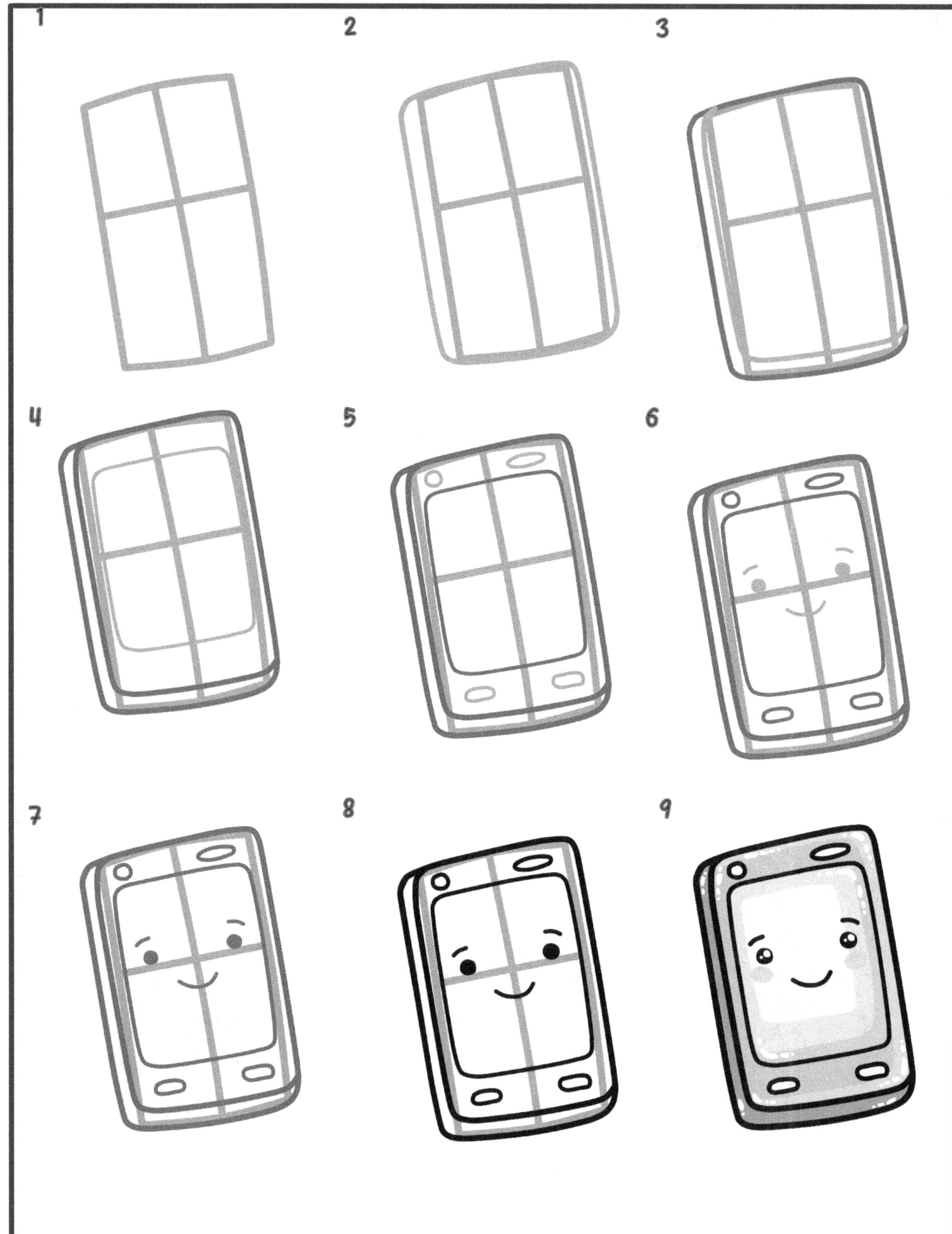

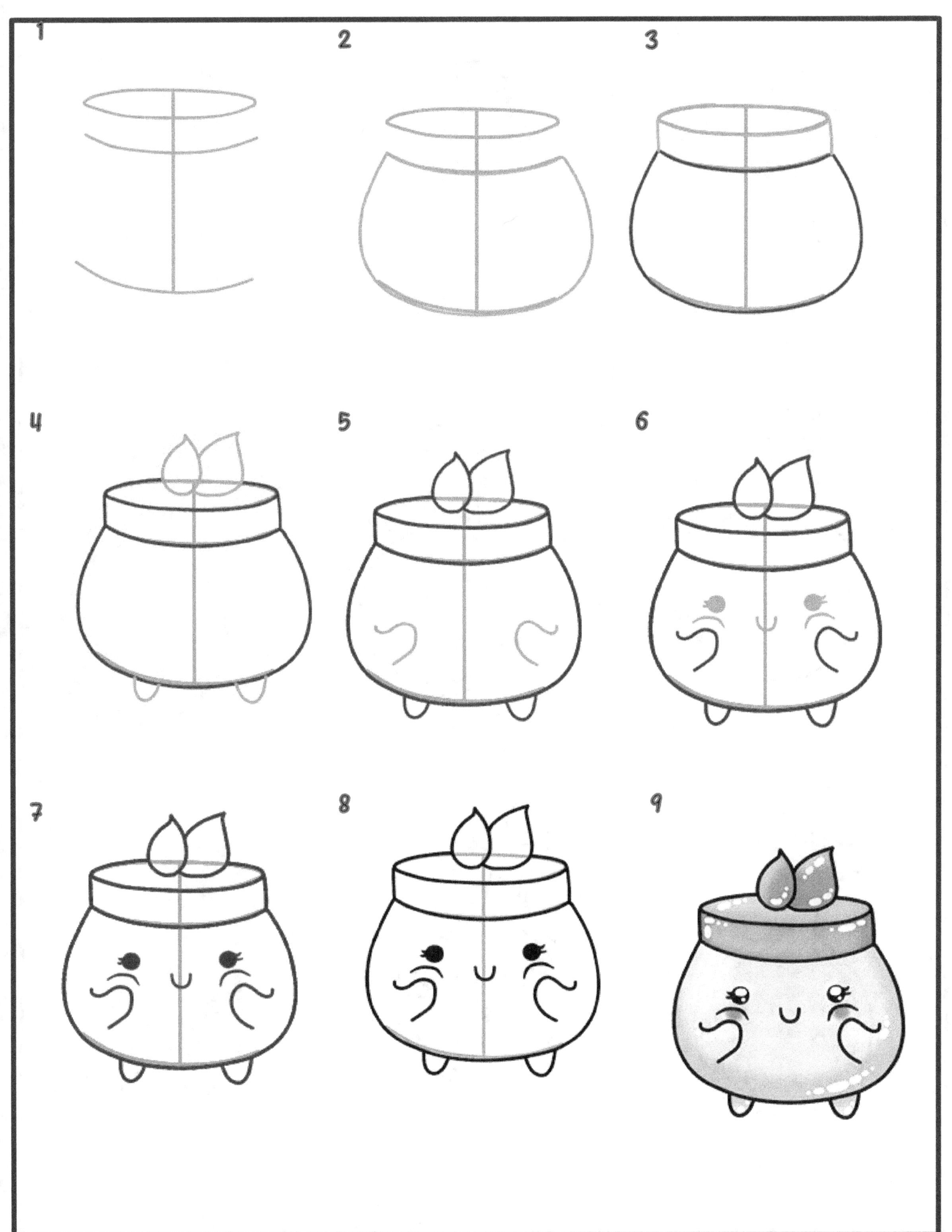

1
2
3
4
5
6
7
8
9

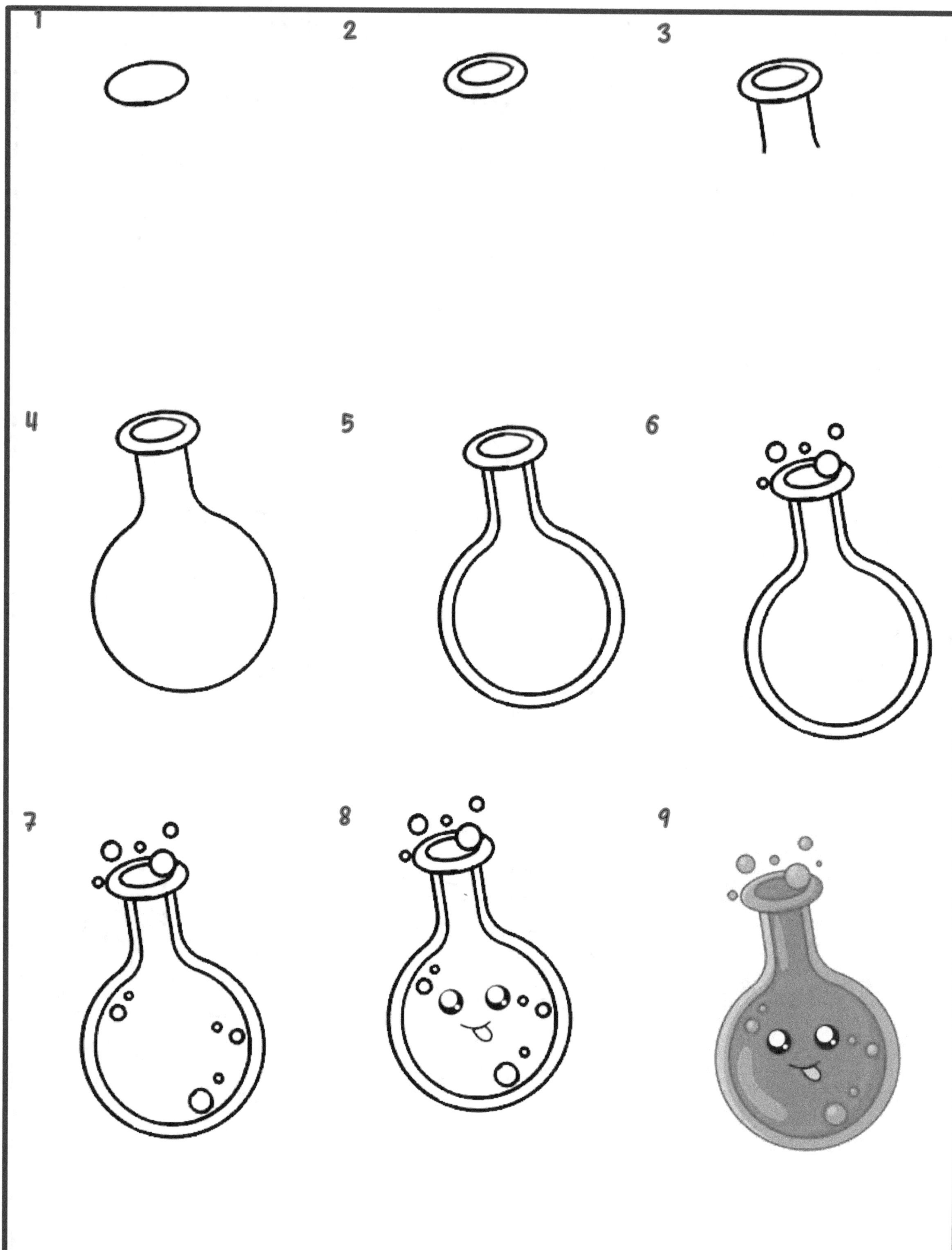

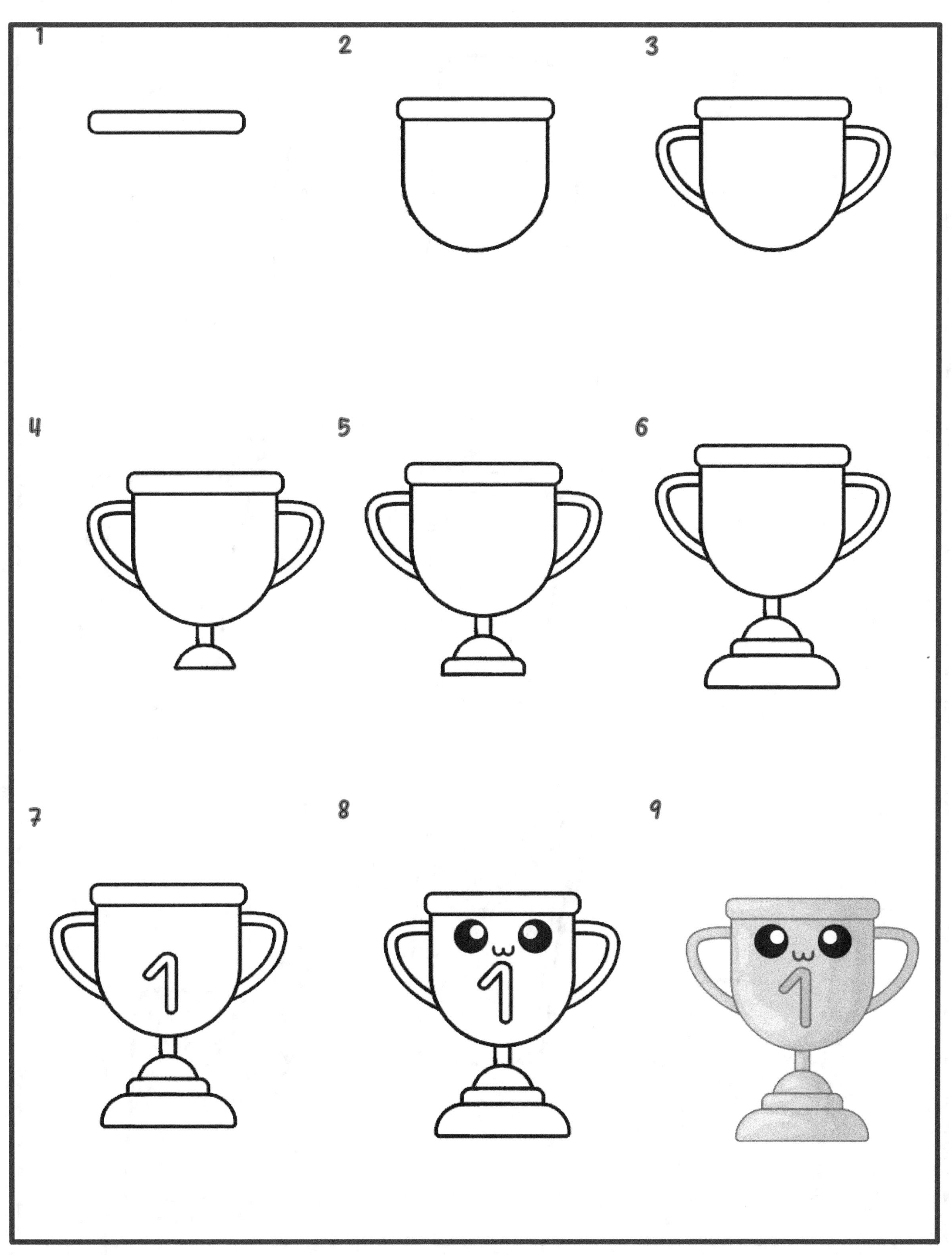

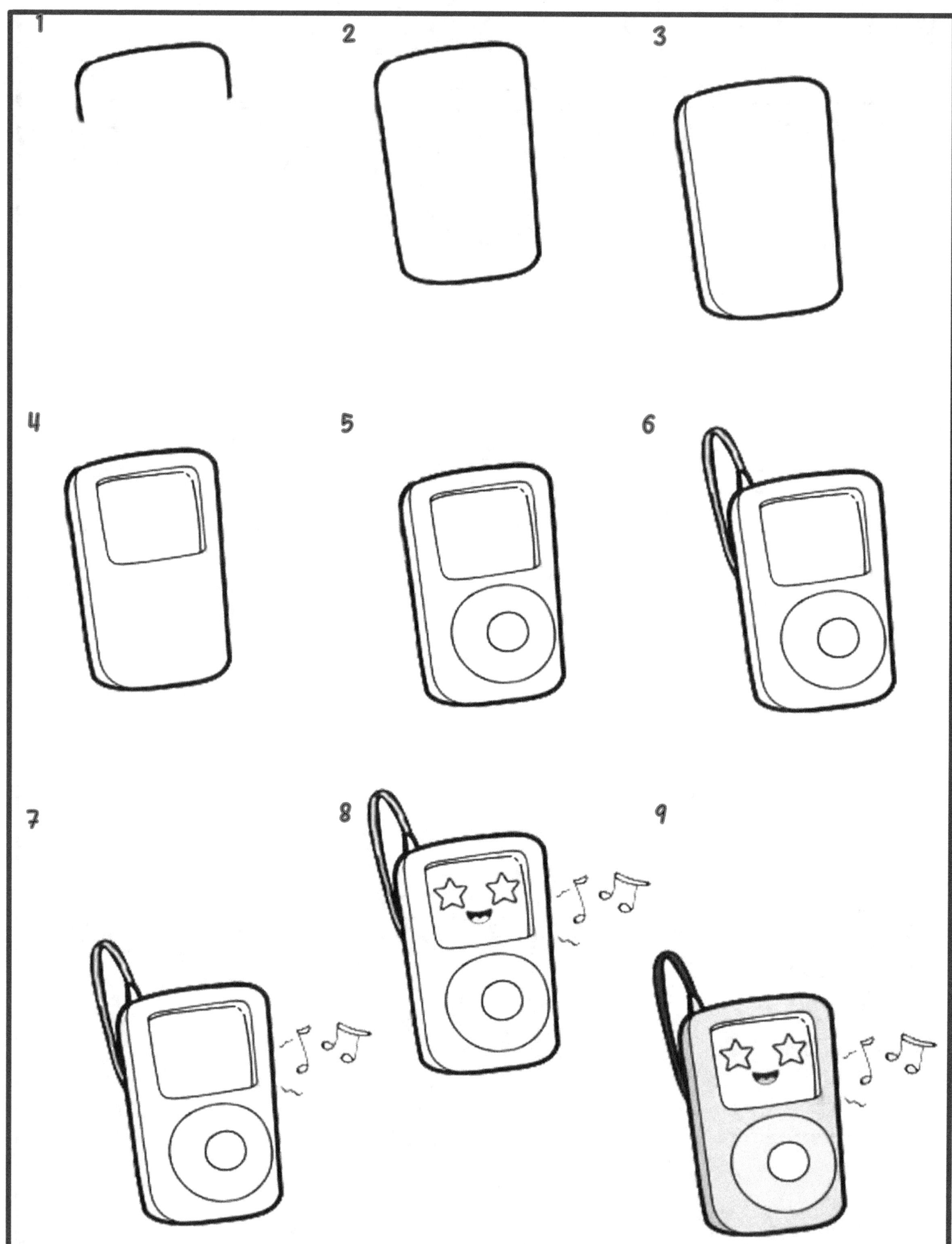

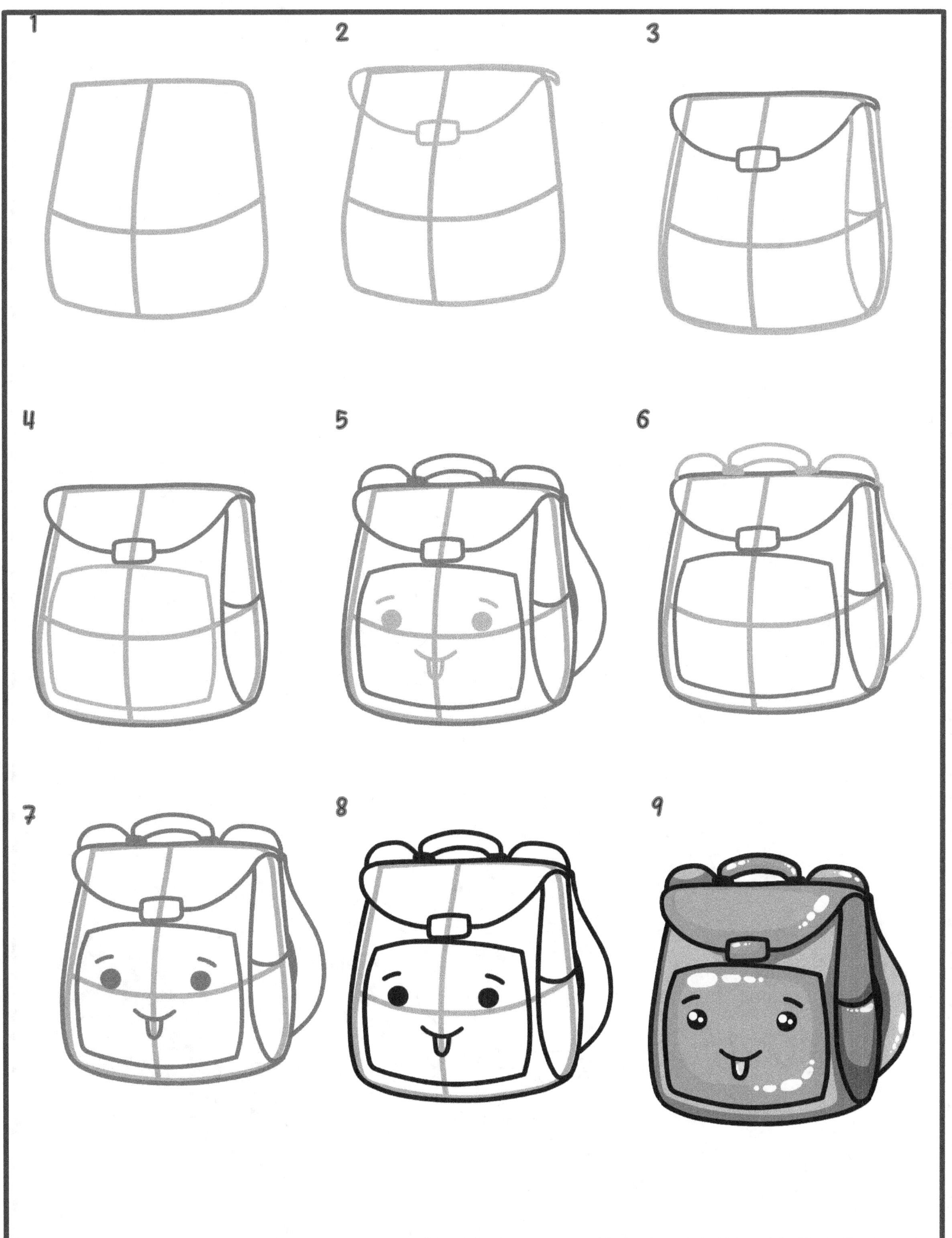

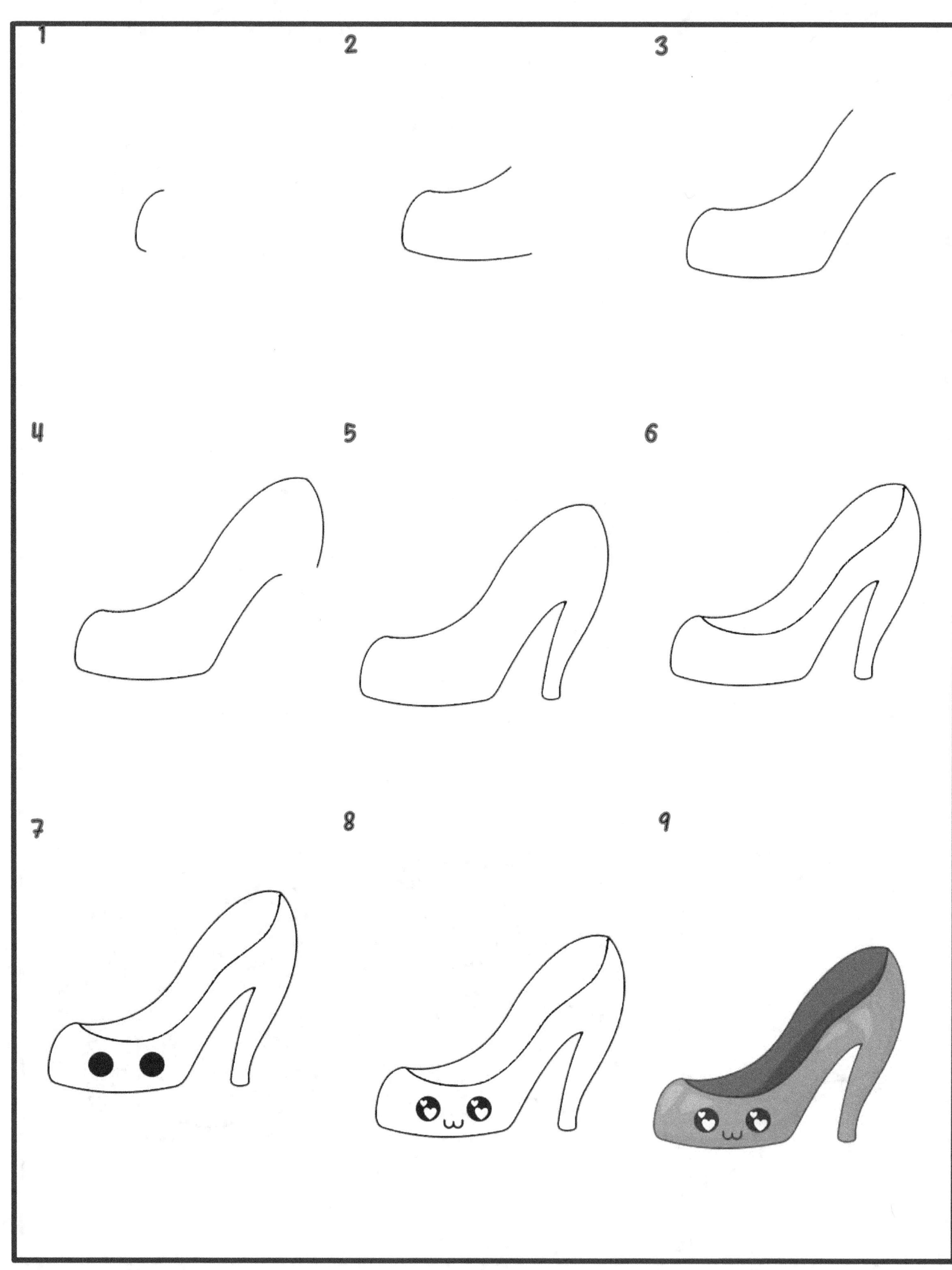

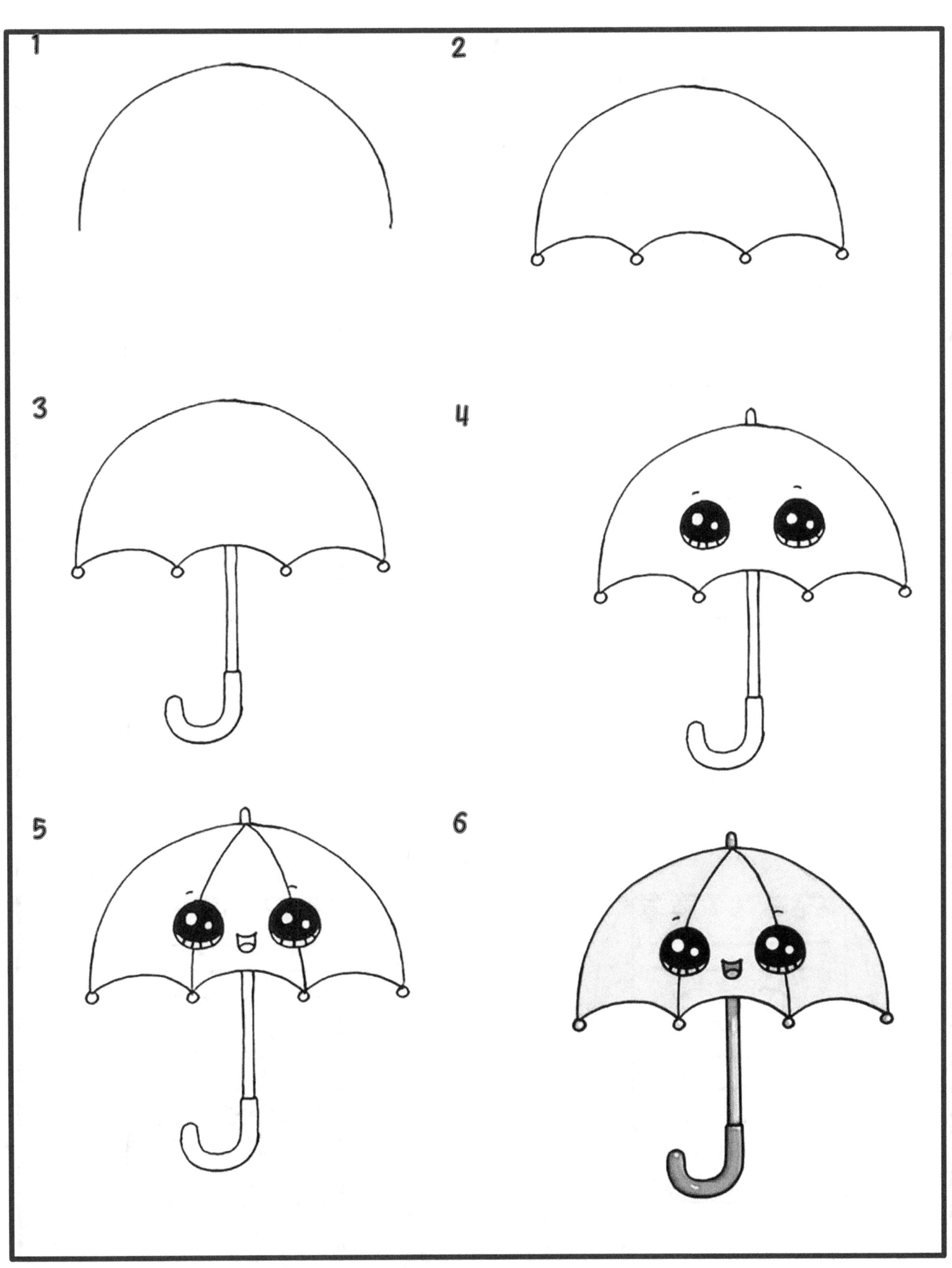

1
2
3
4
5
6

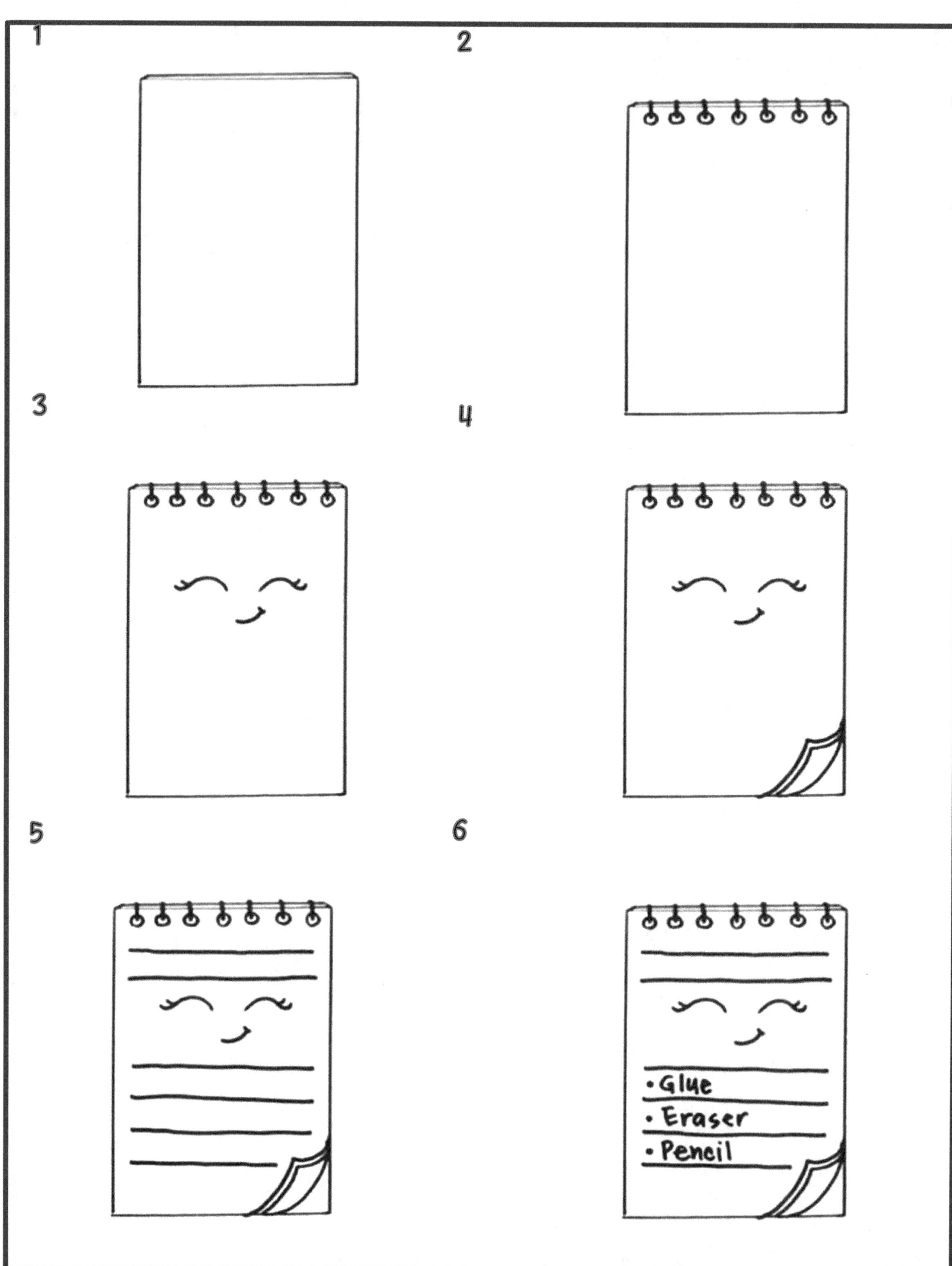
1
2
3
4
5
6
• Glue
• Eraser
• Pencil

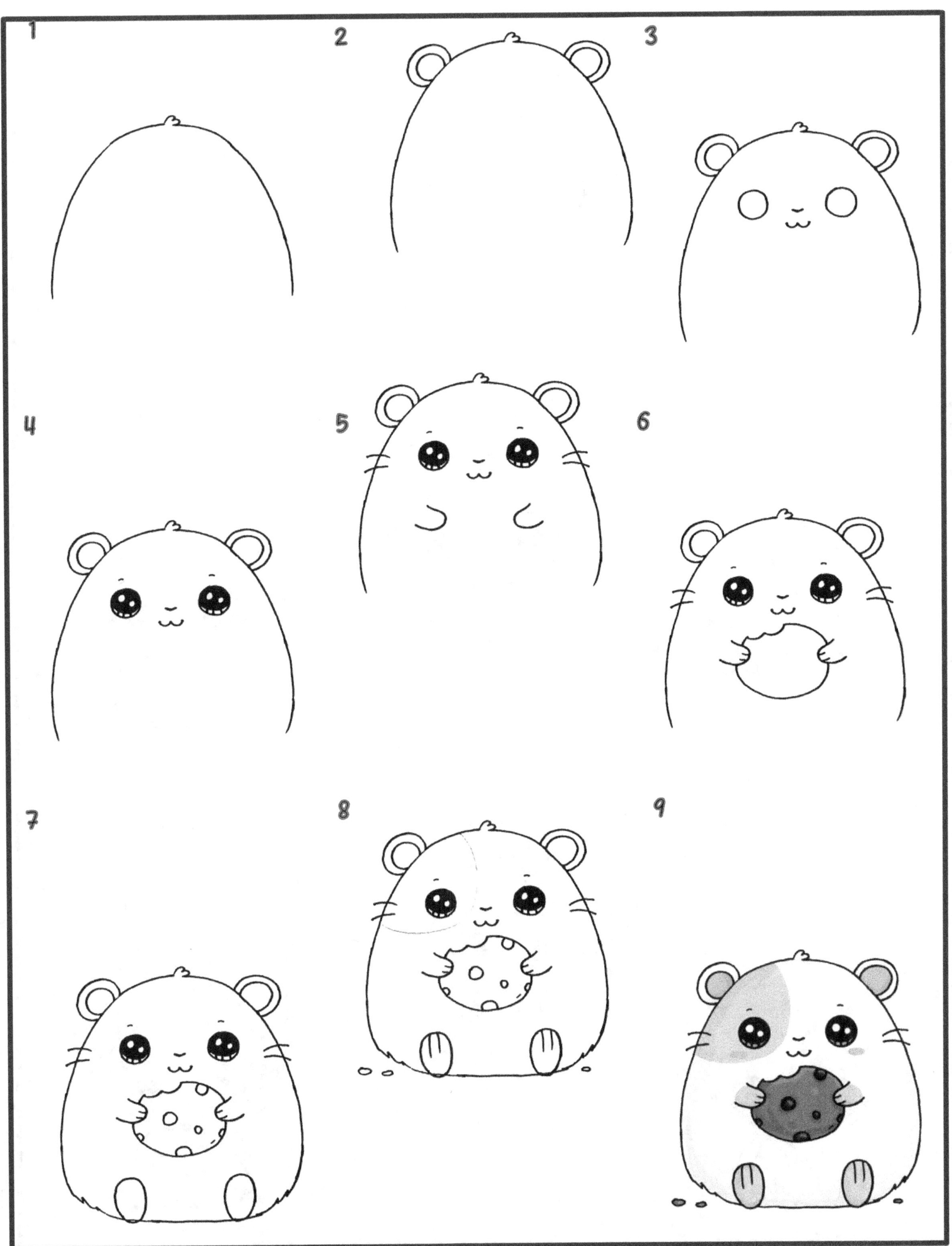

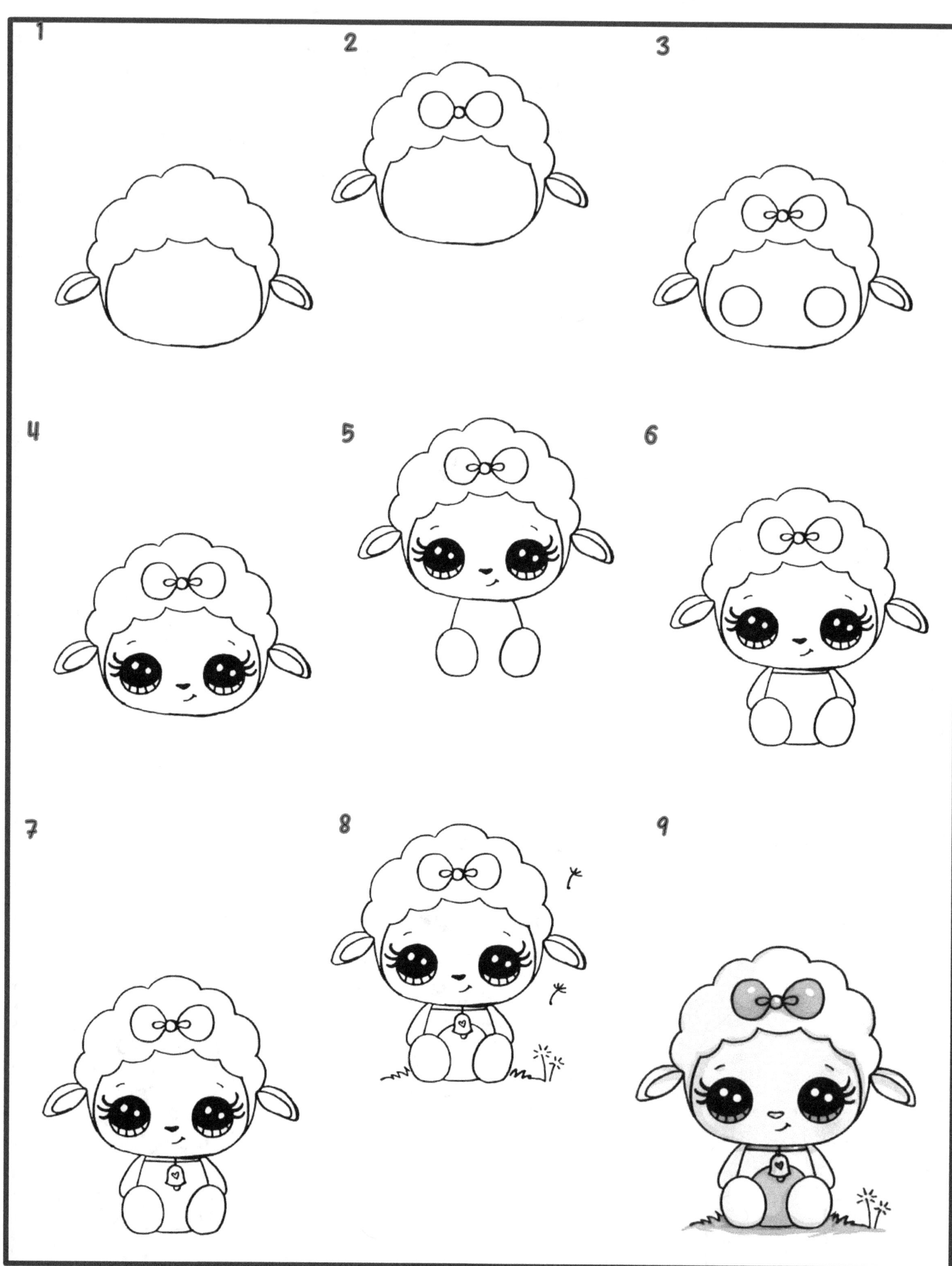

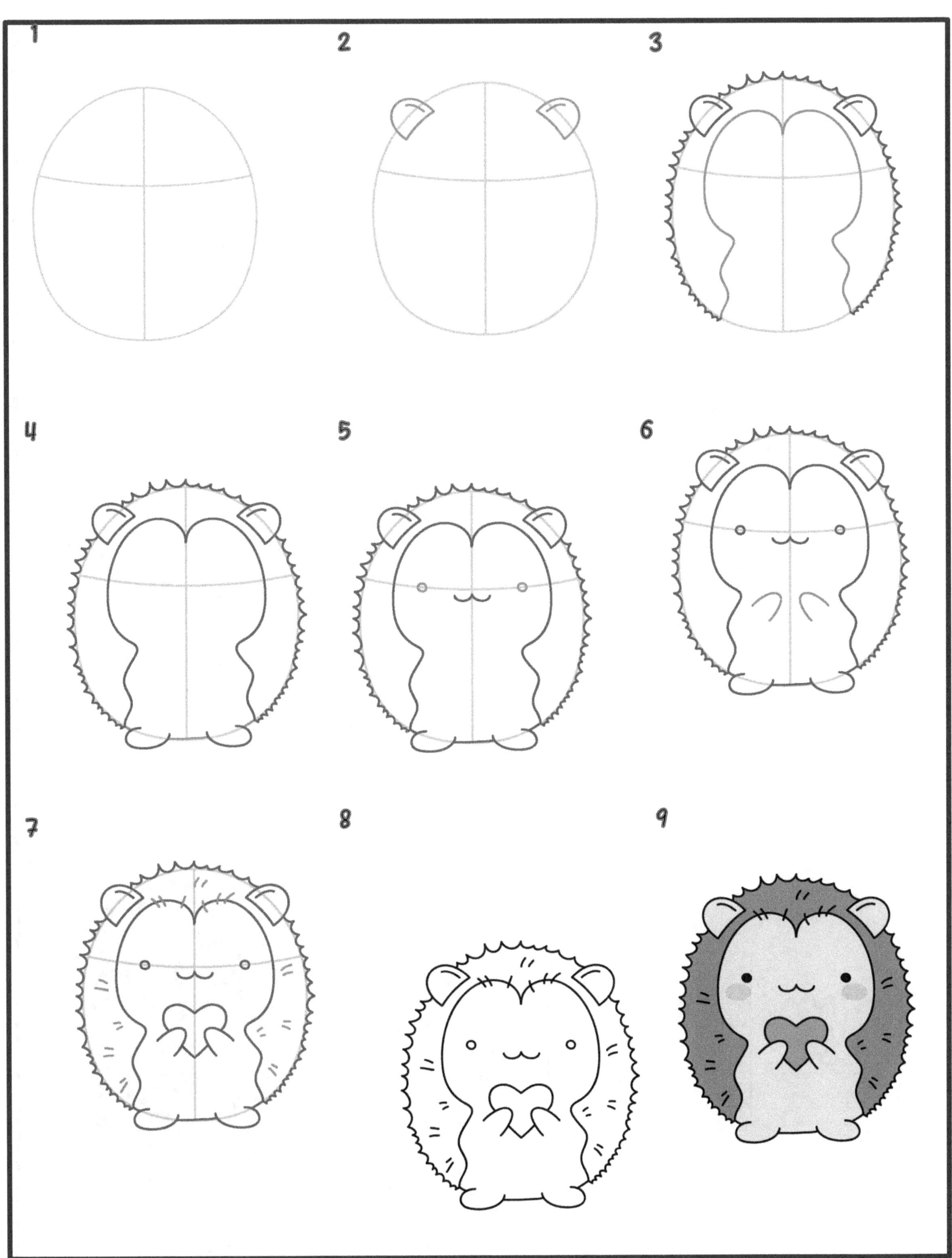

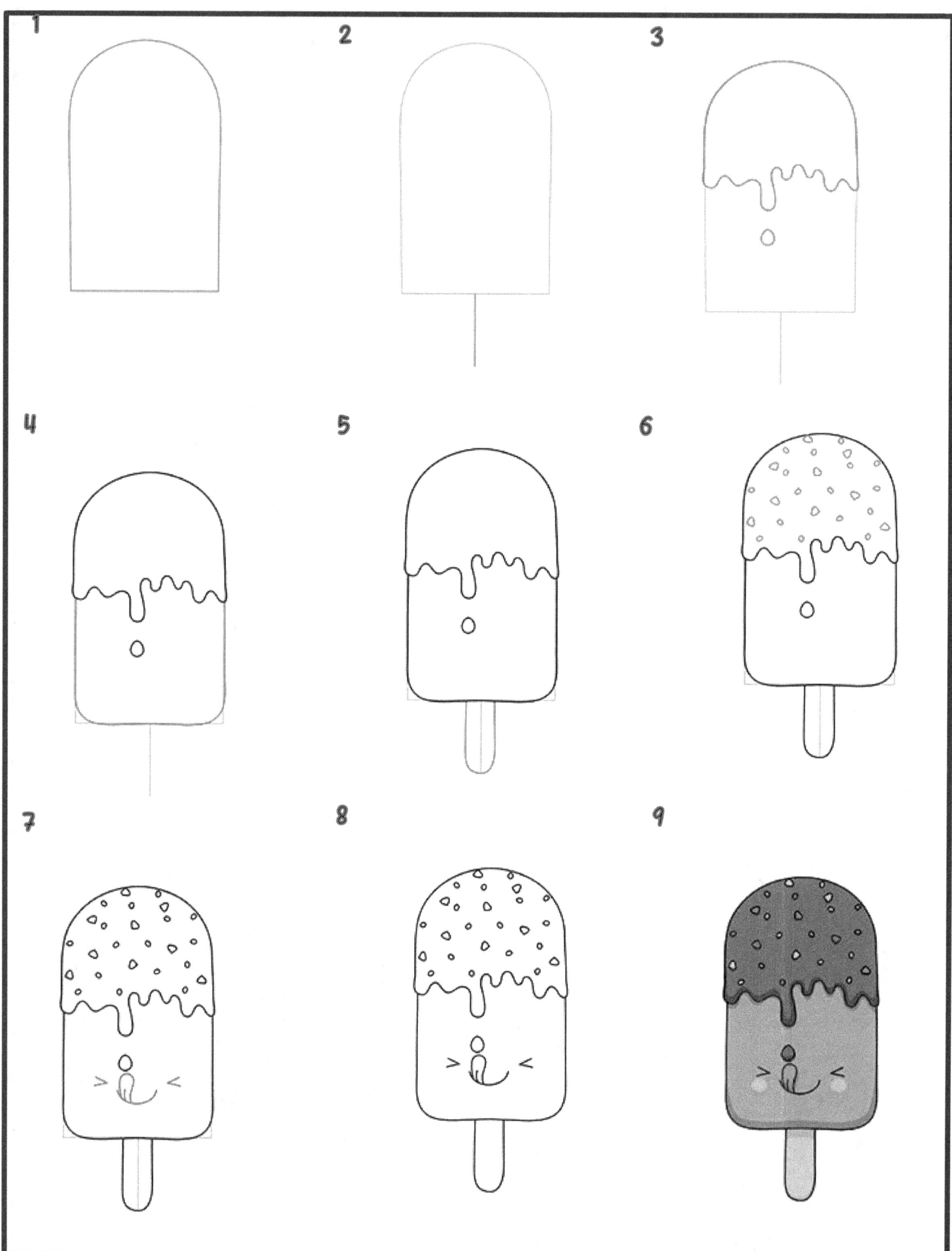

1
2
3
4
5
6
7
8
9

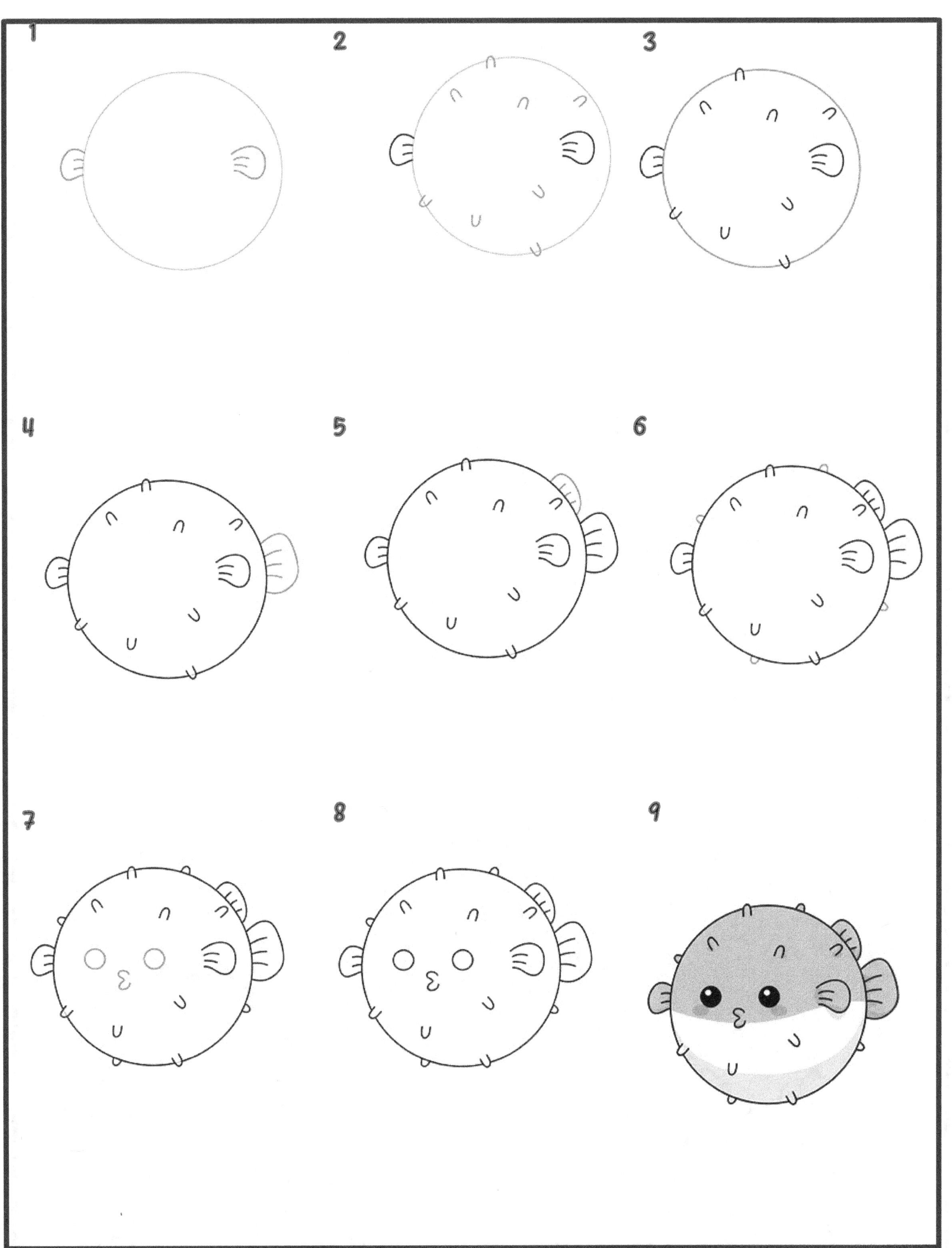

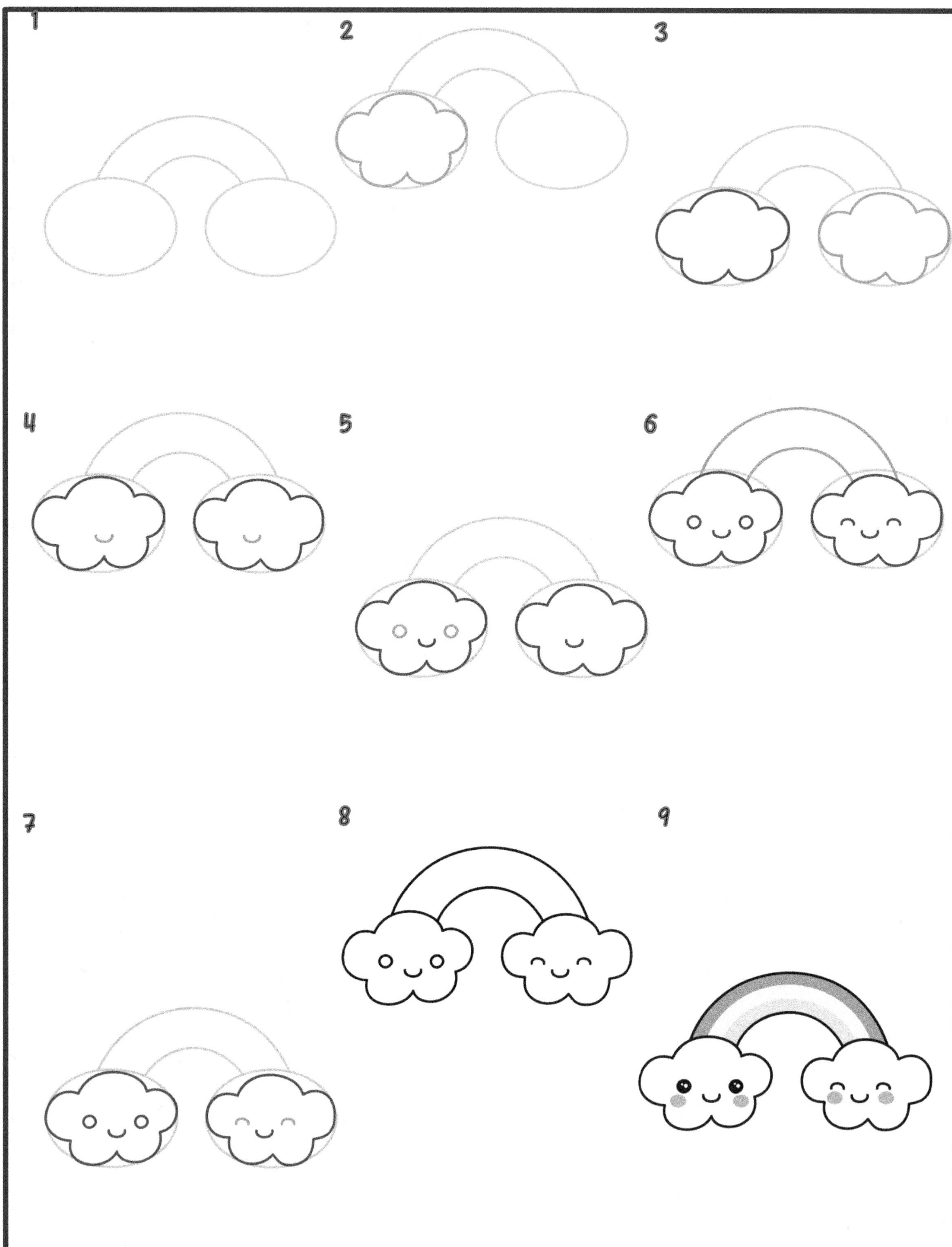

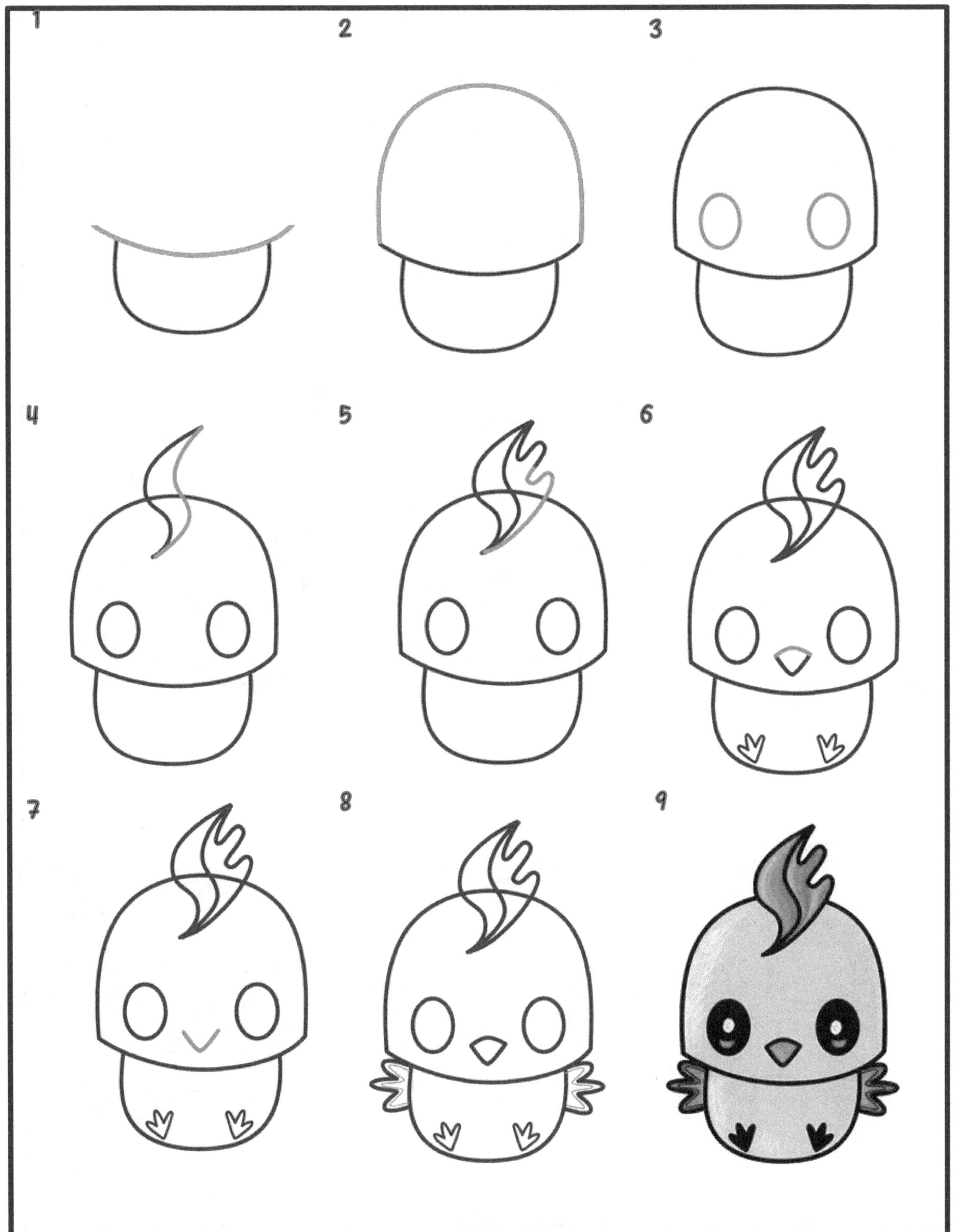

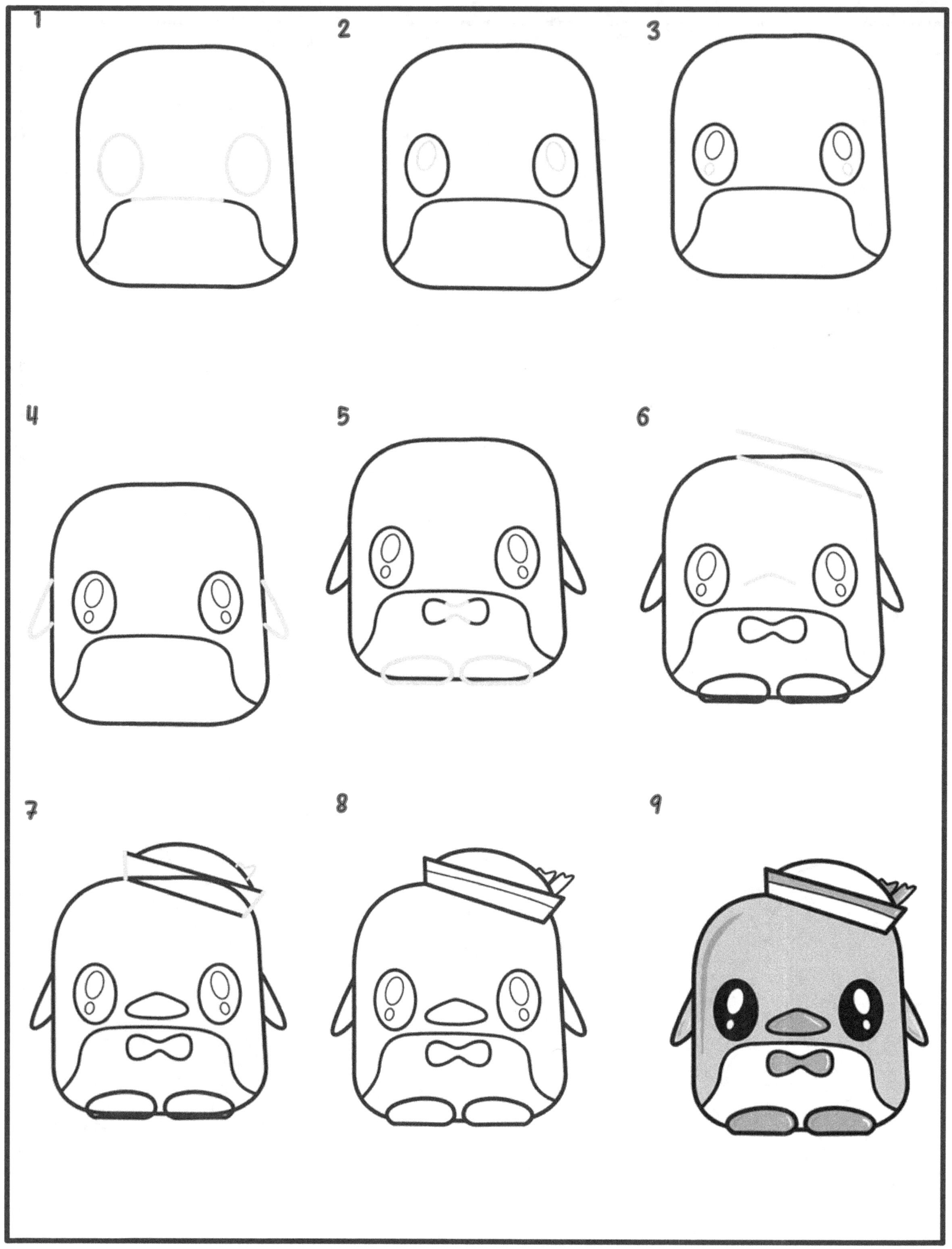

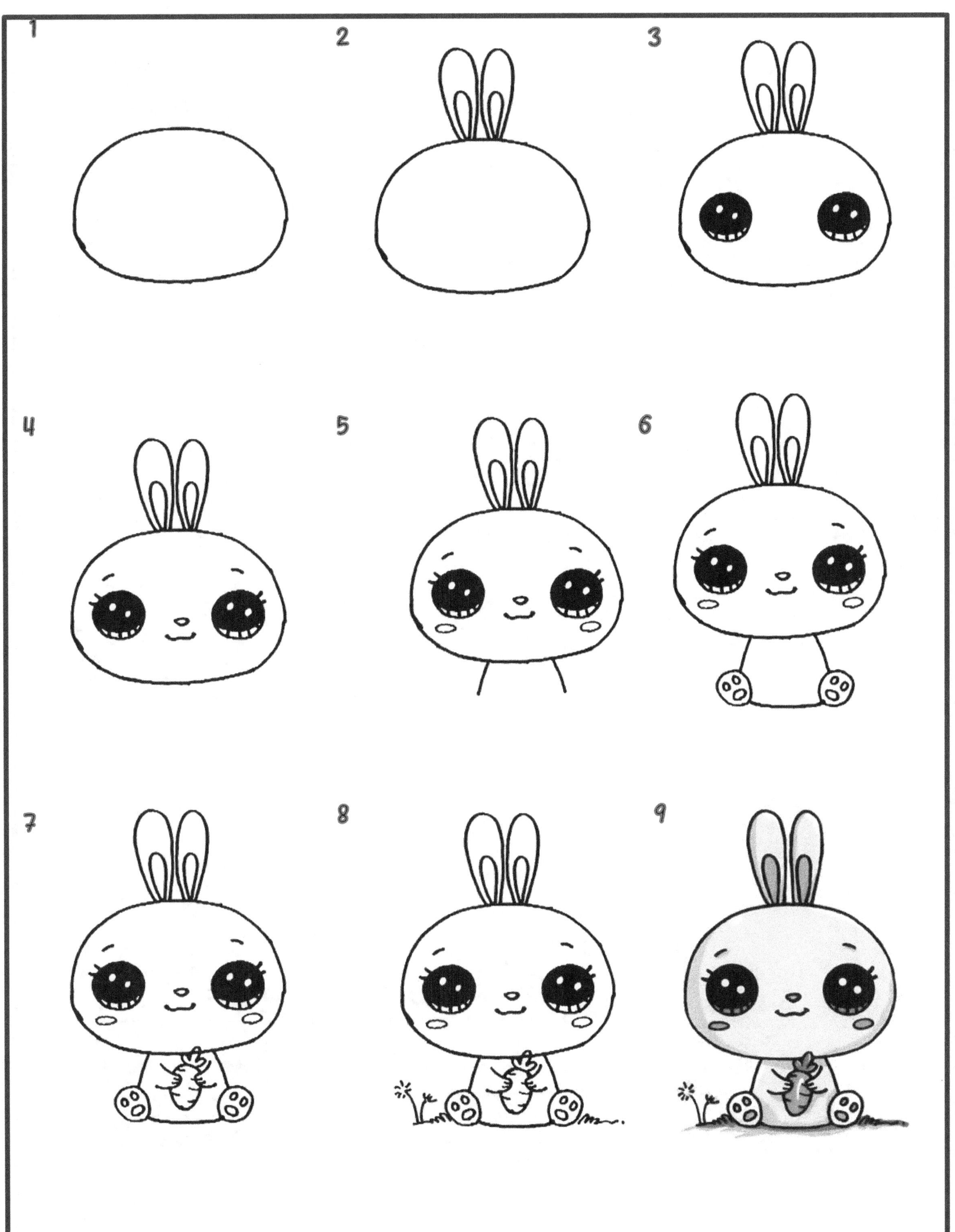

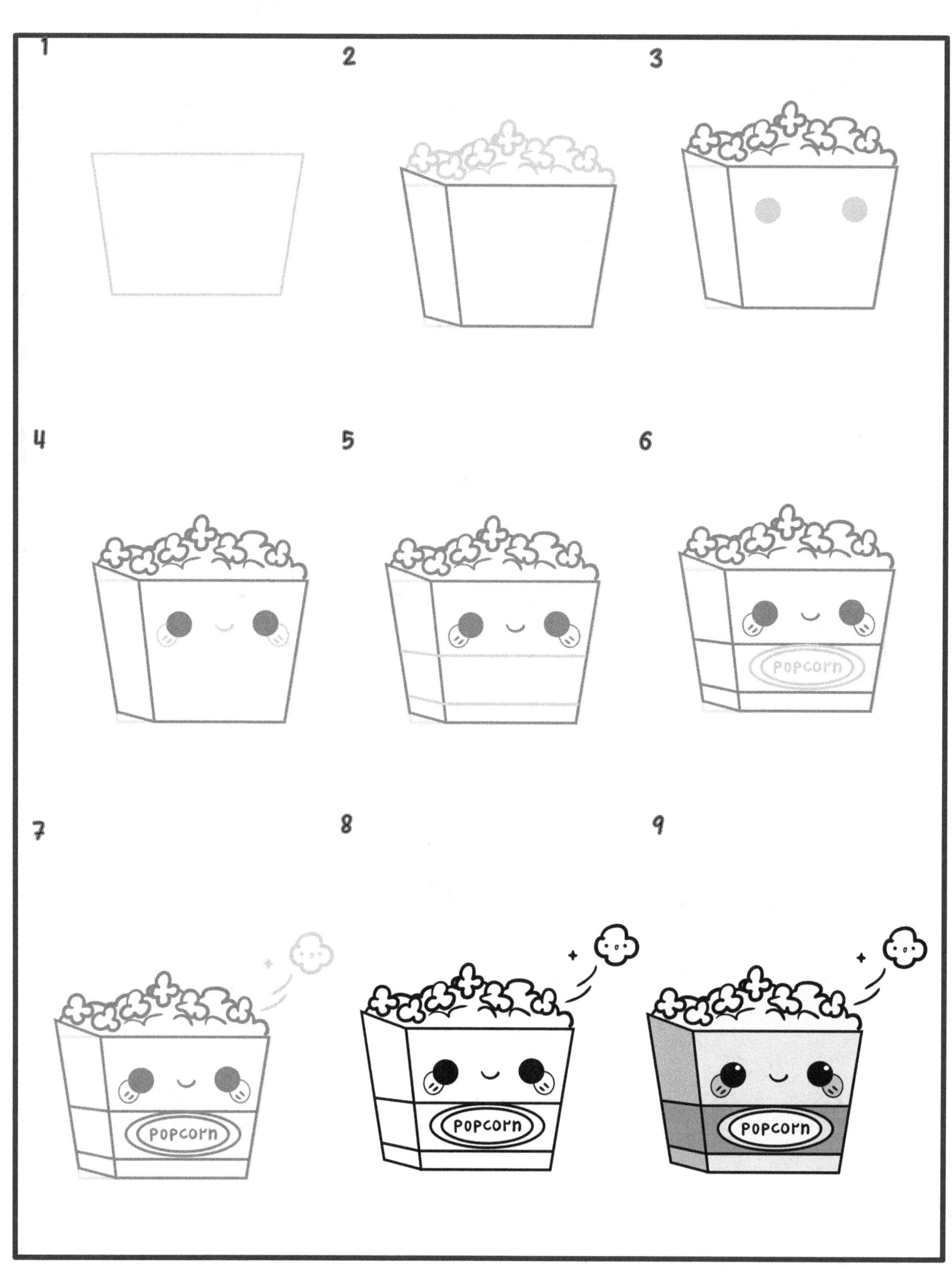

1
2
3
4
5
6
7
8
9
popcorn
popcorn
popcorn
popcorn

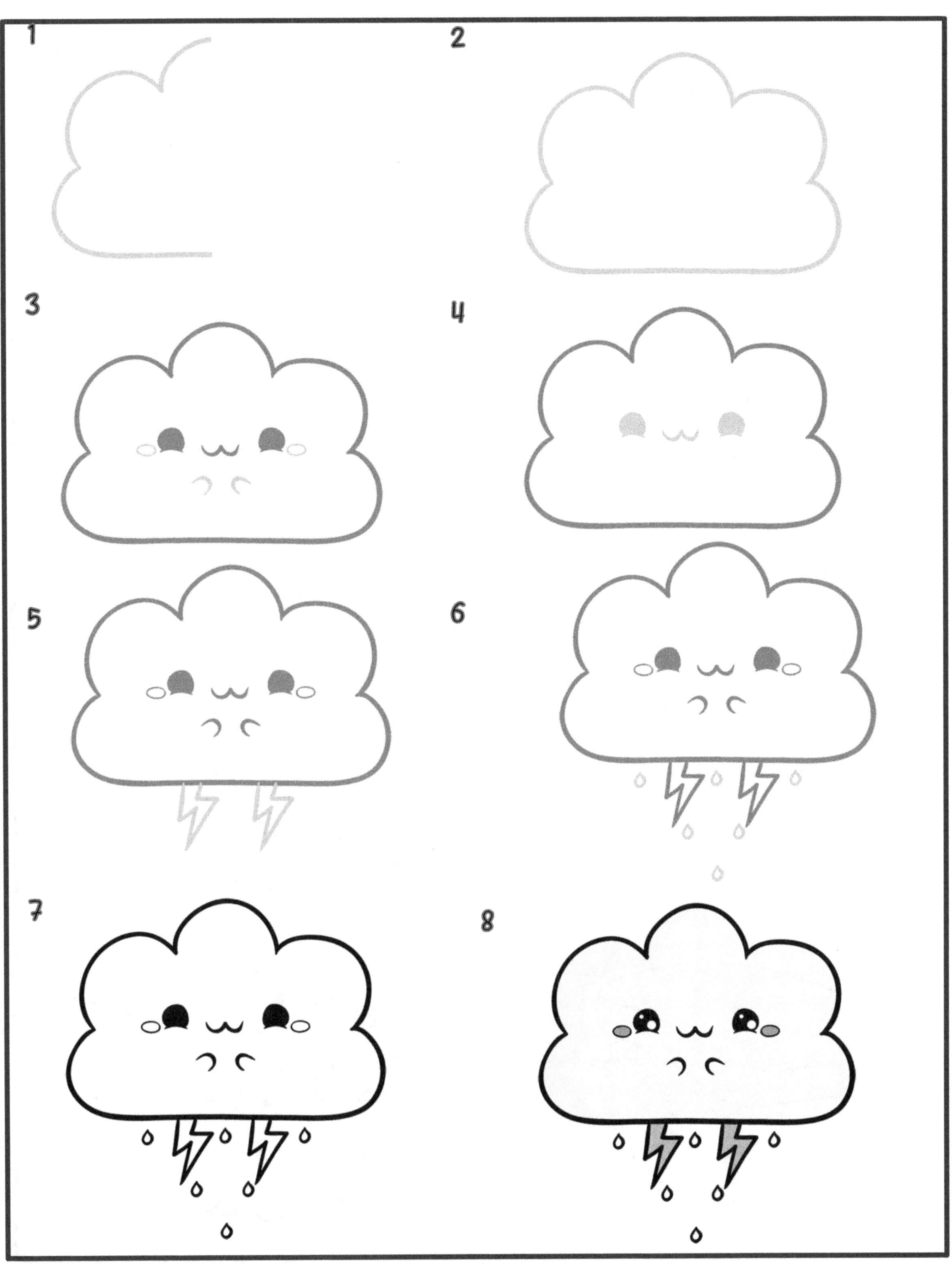

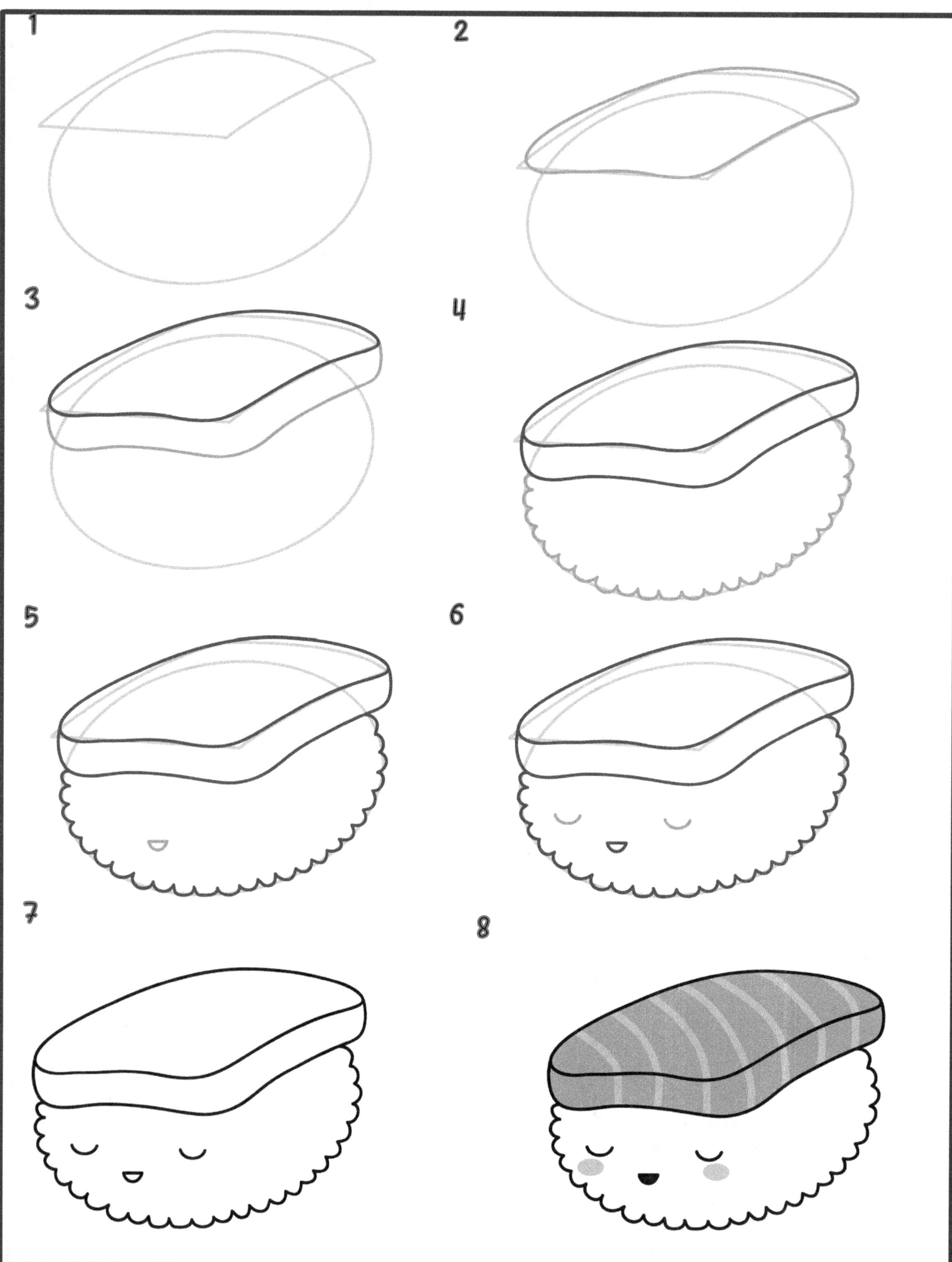

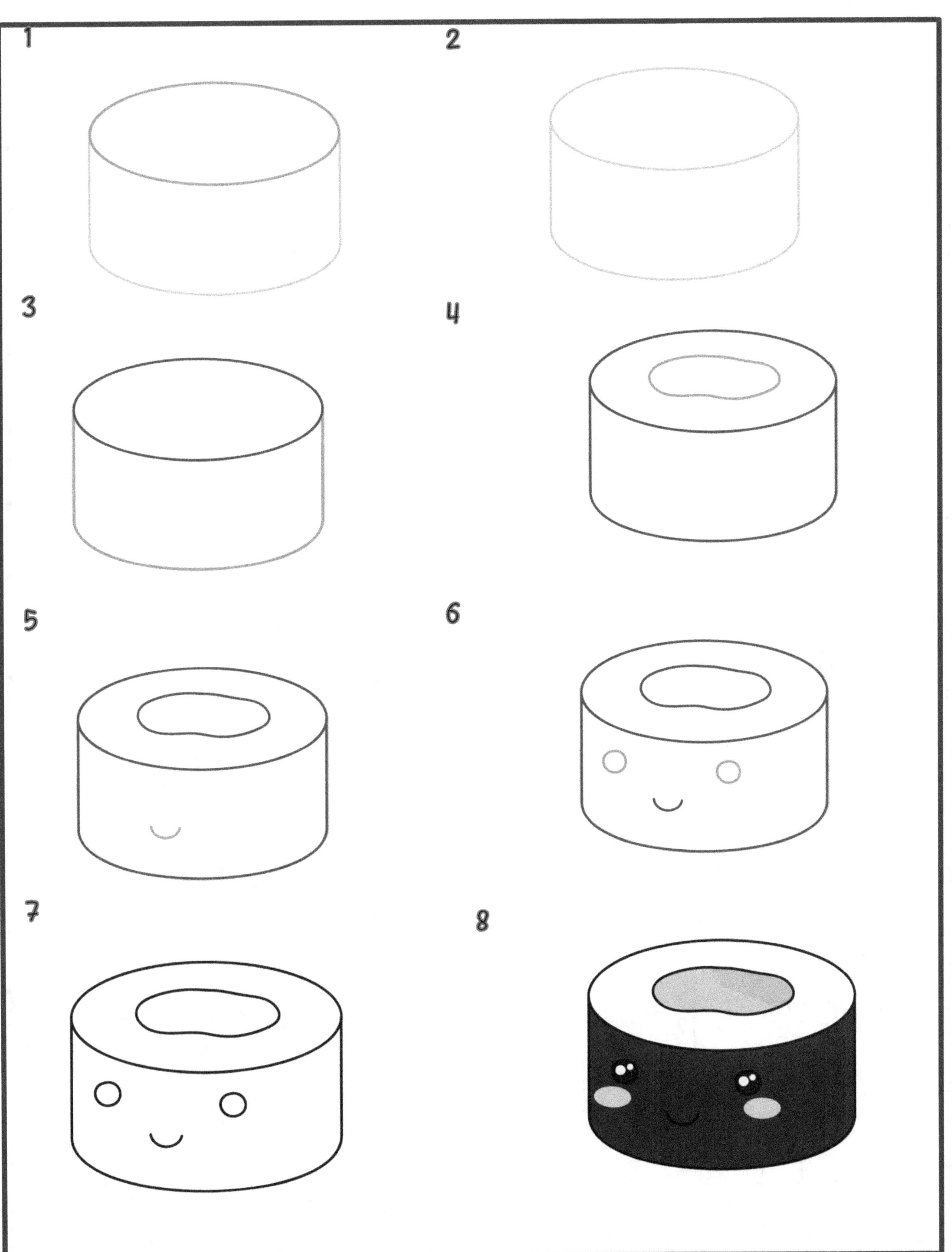

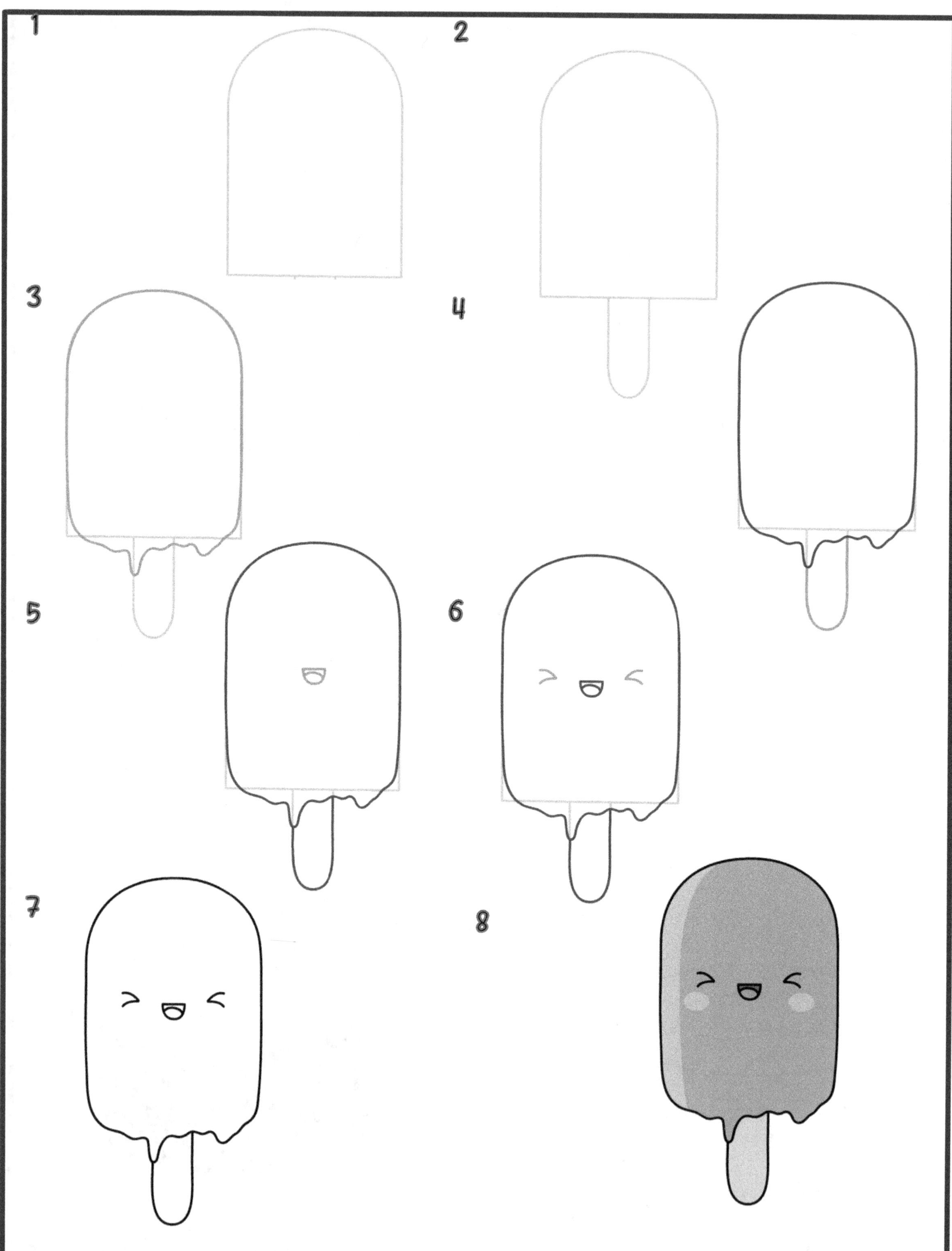

1
2
3
4
5
6
7
8

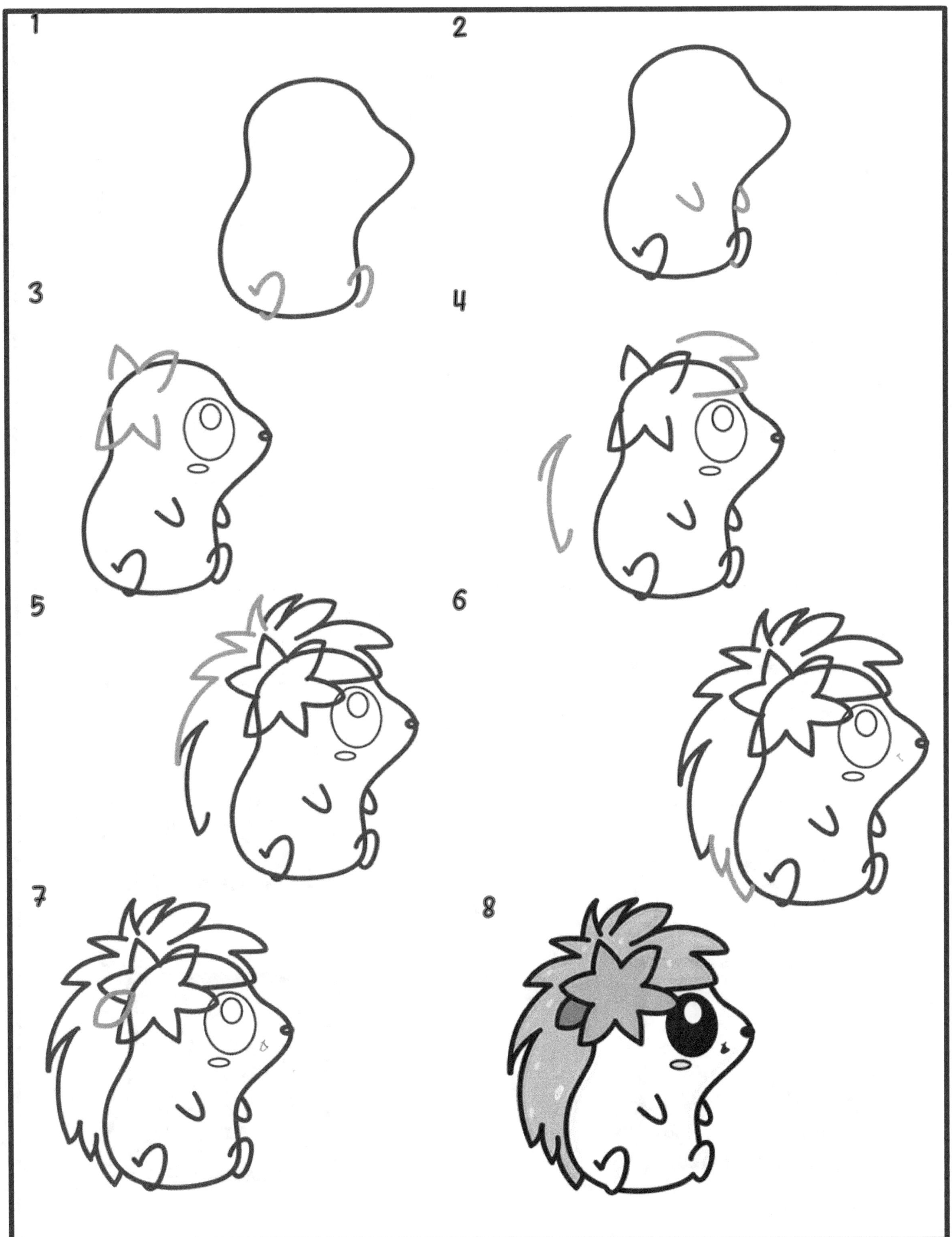
1
2
3
4
5
6
7
8

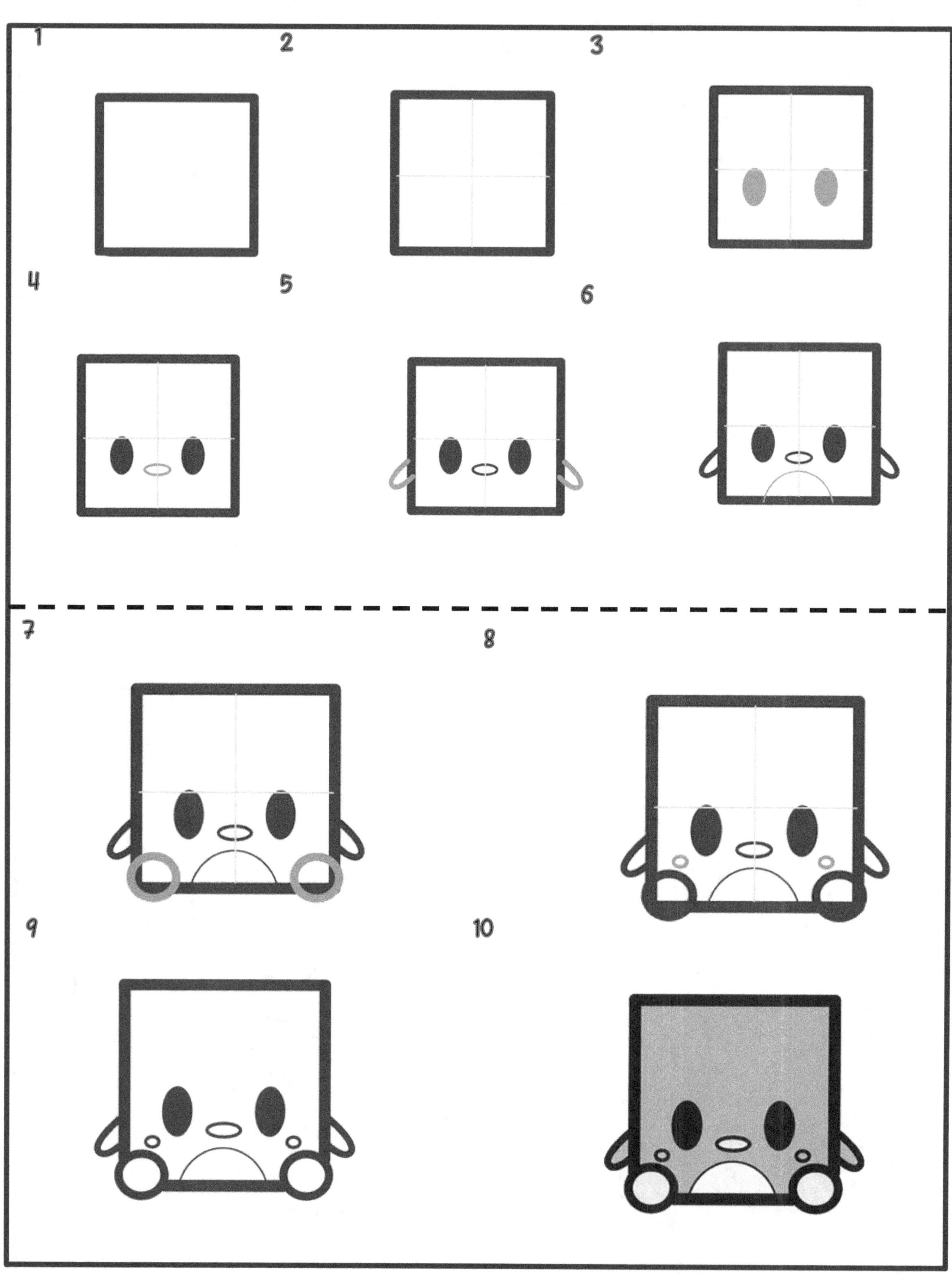

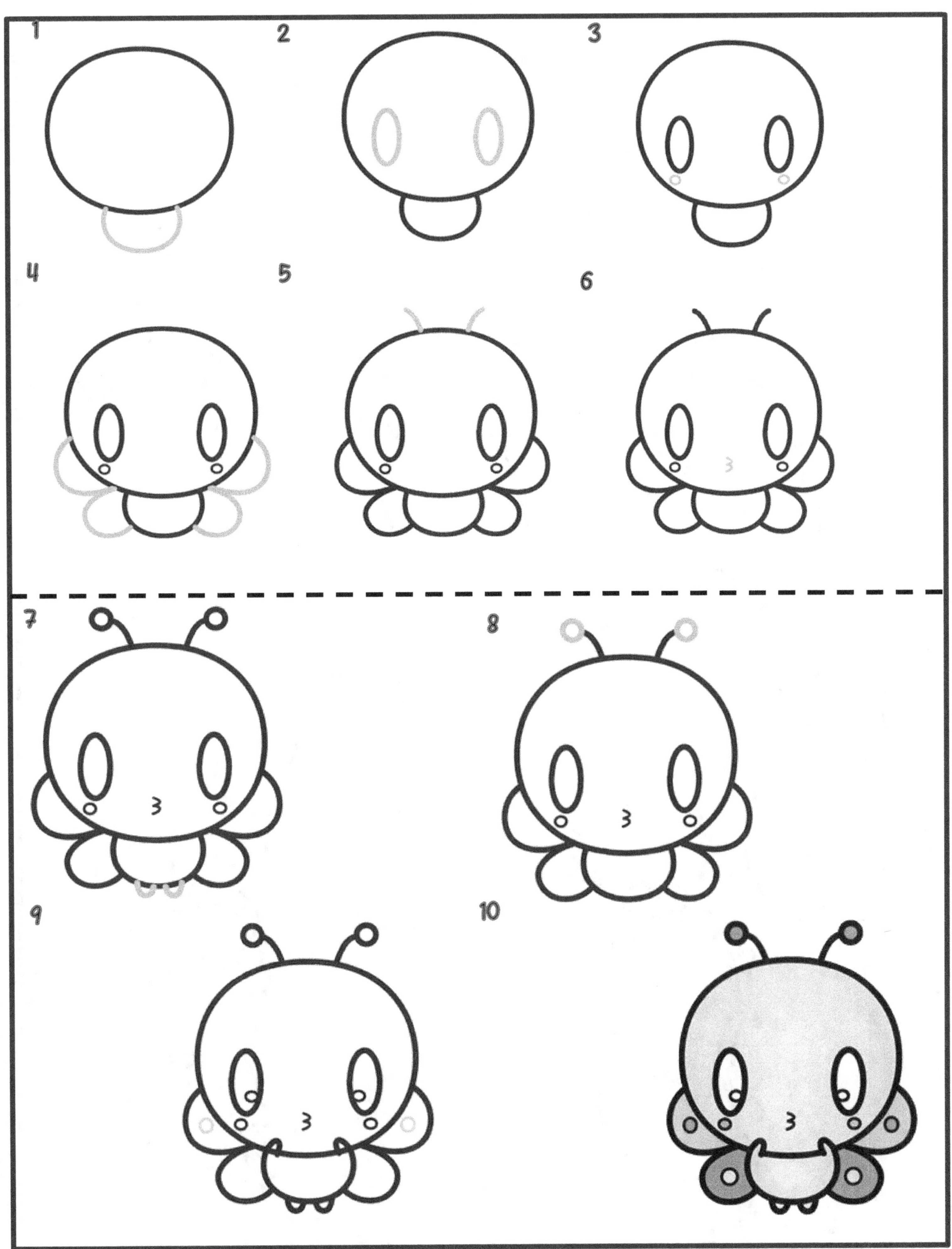

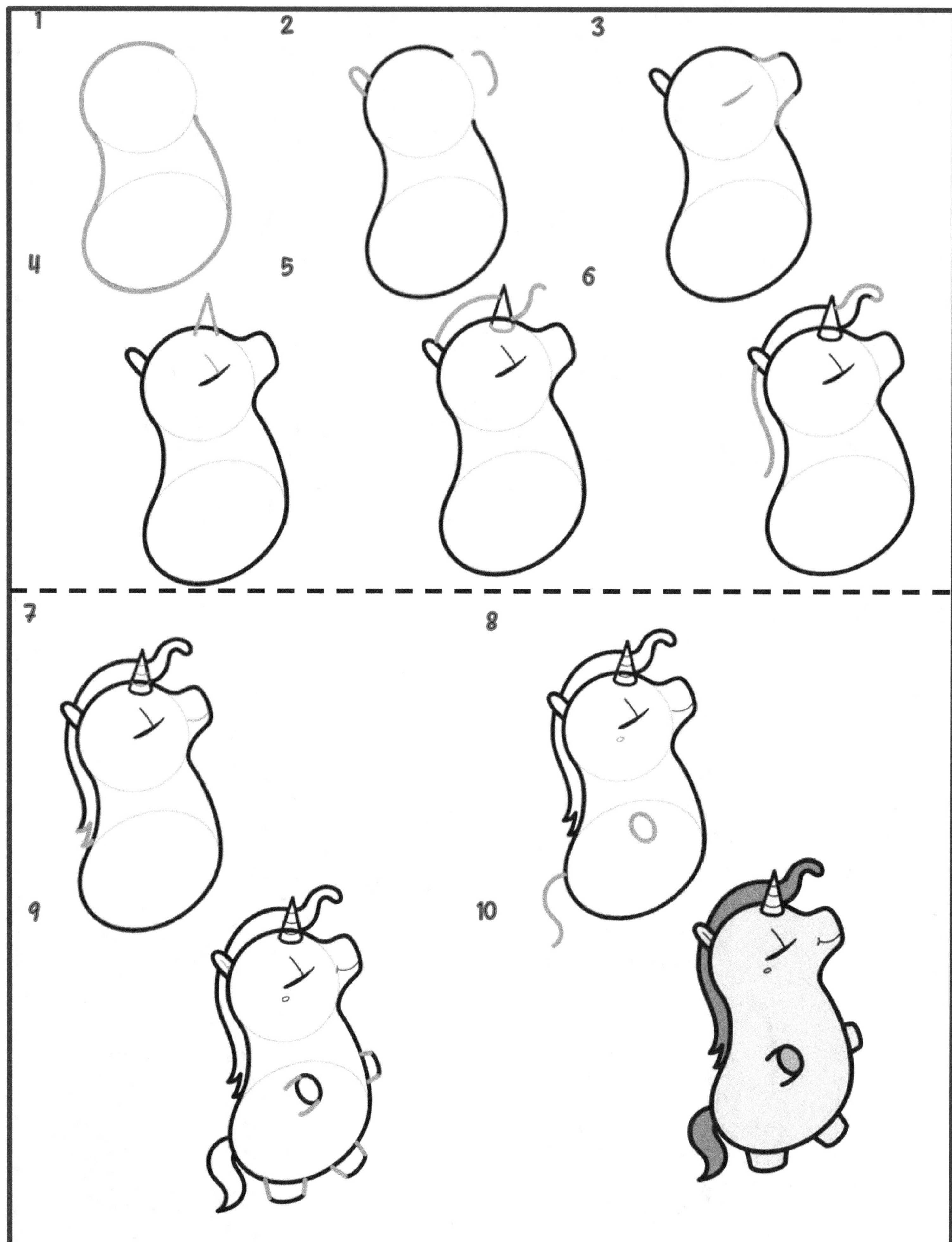

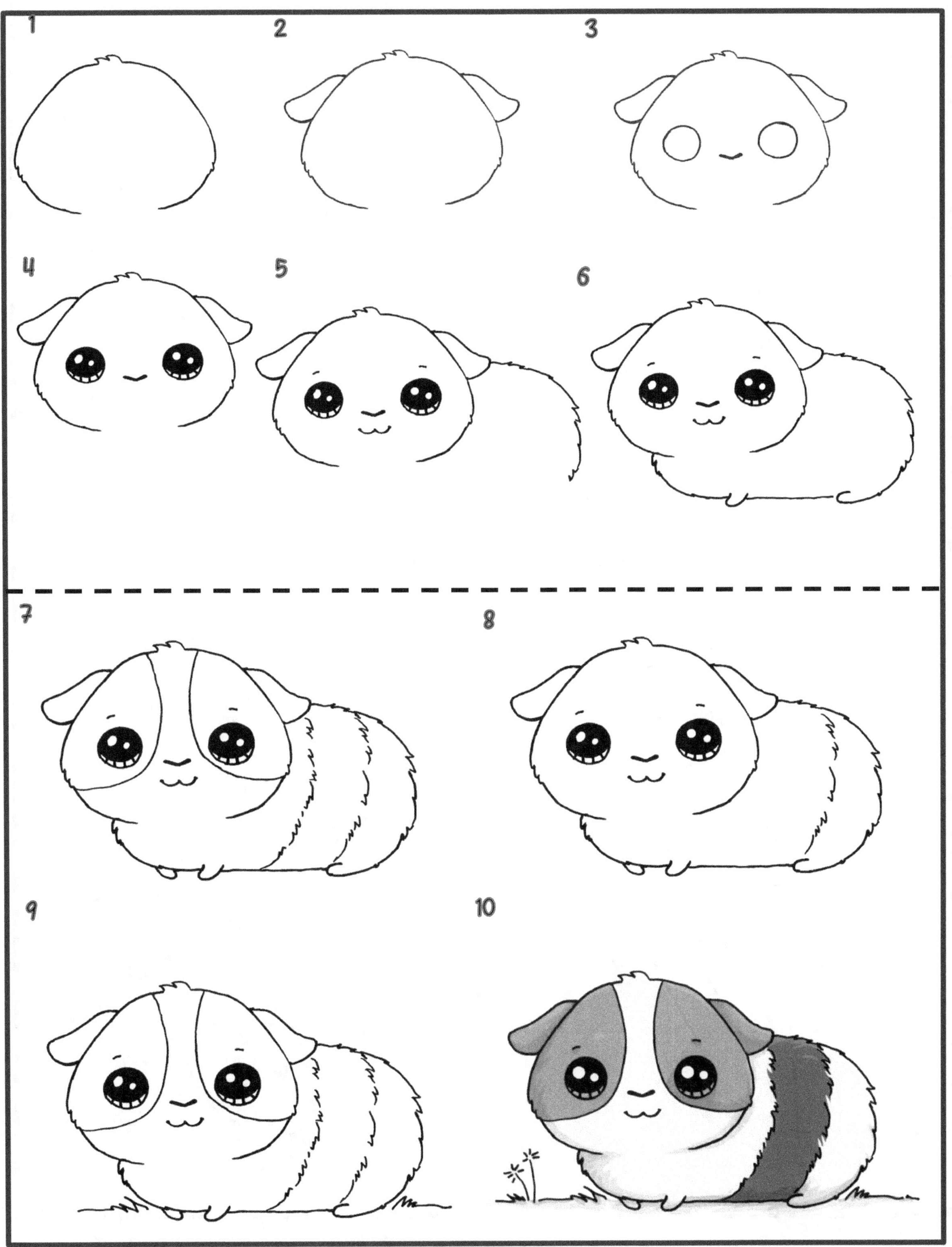

1
2
3
4
5
6
7
8
9
10

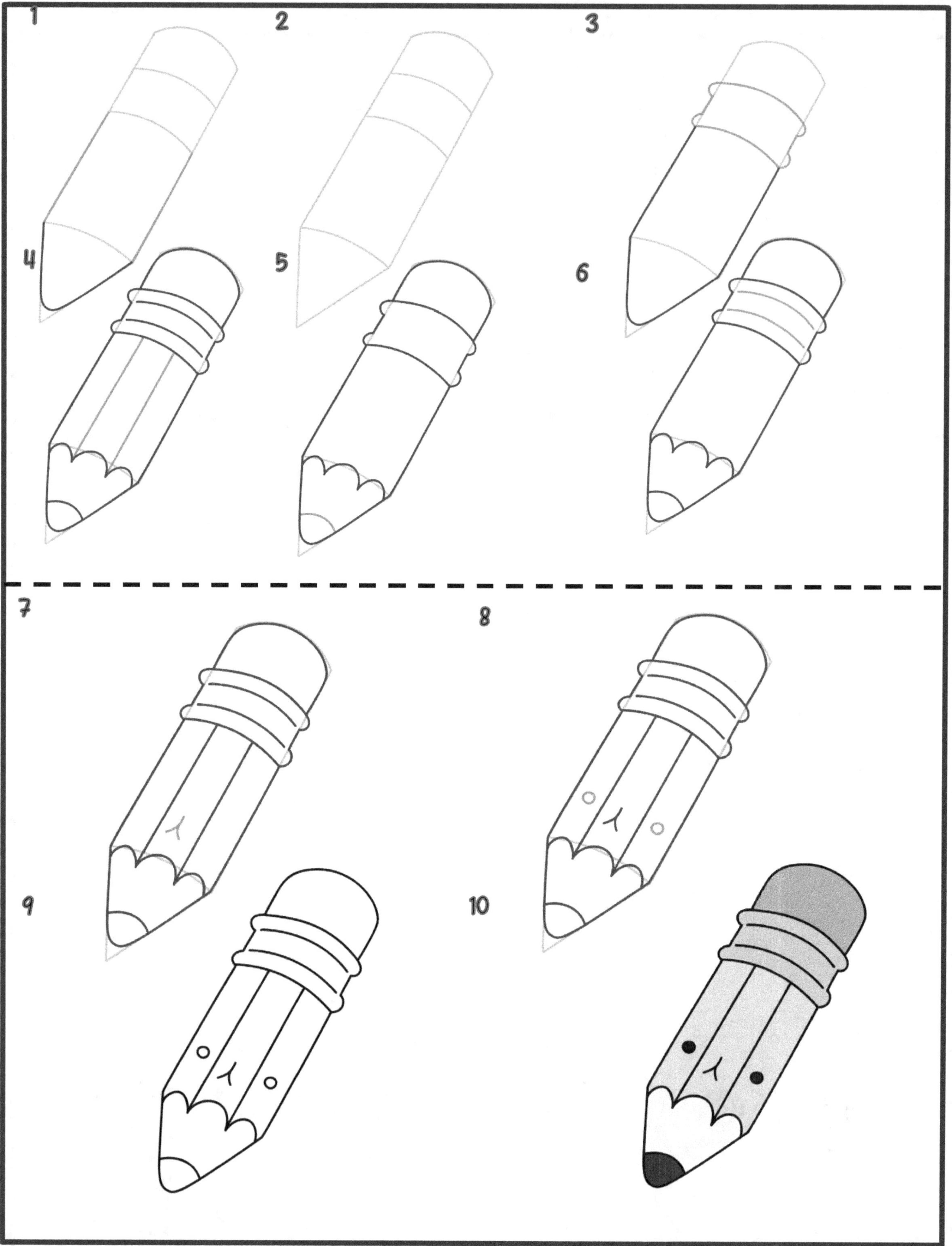

1
2
3
4
5
6
7
8
9
10

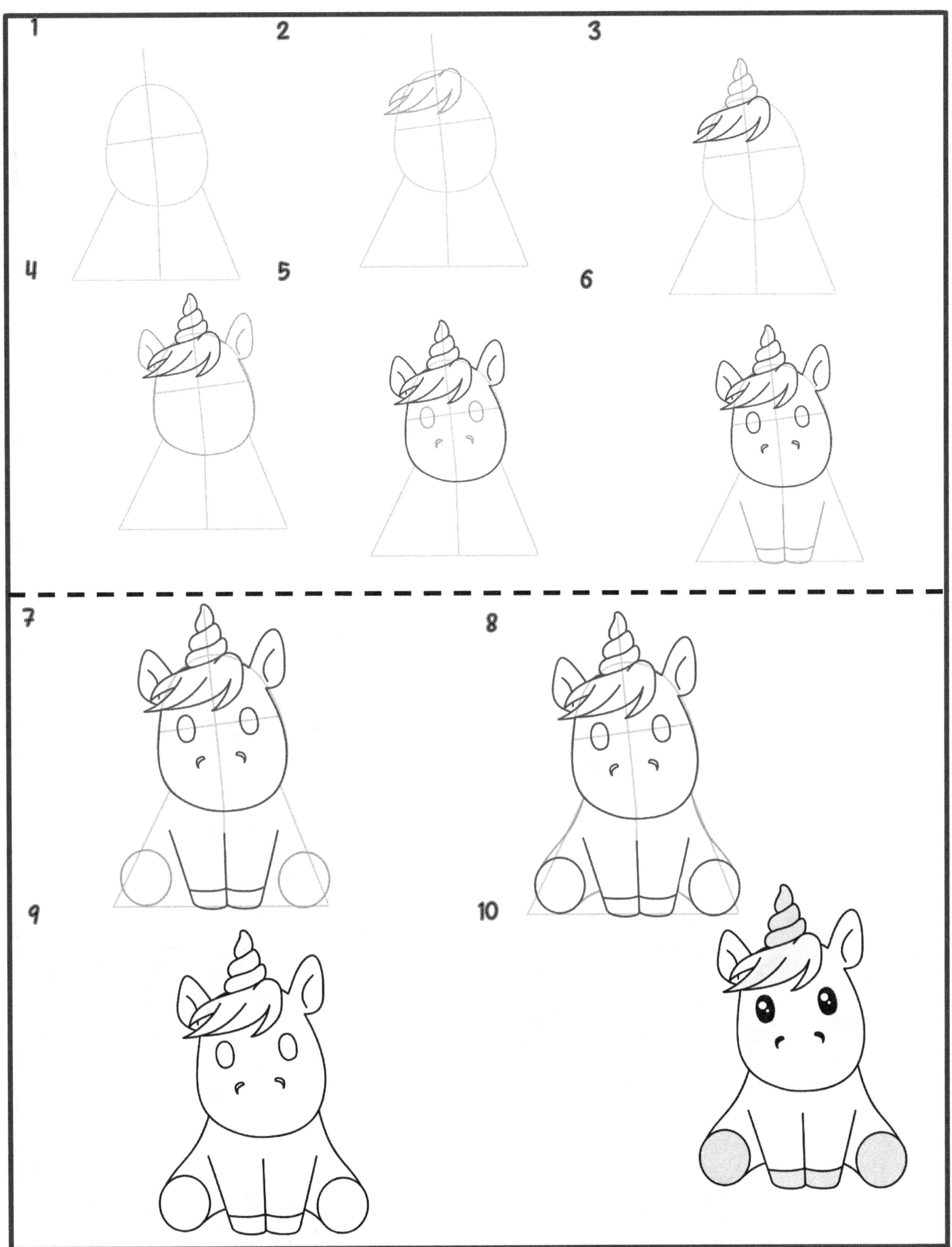

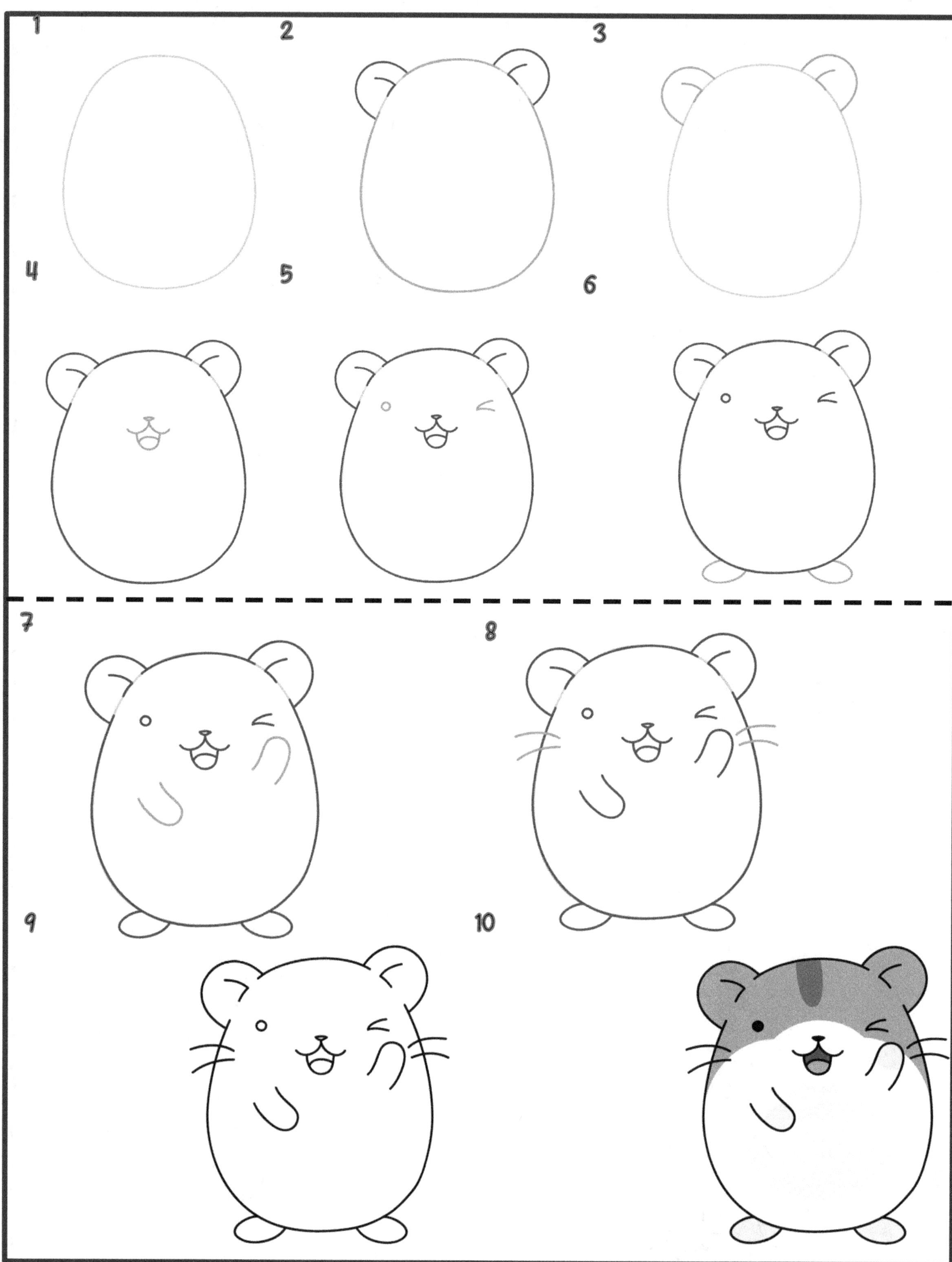

1
2
3
4
5
6
7
8
9
10

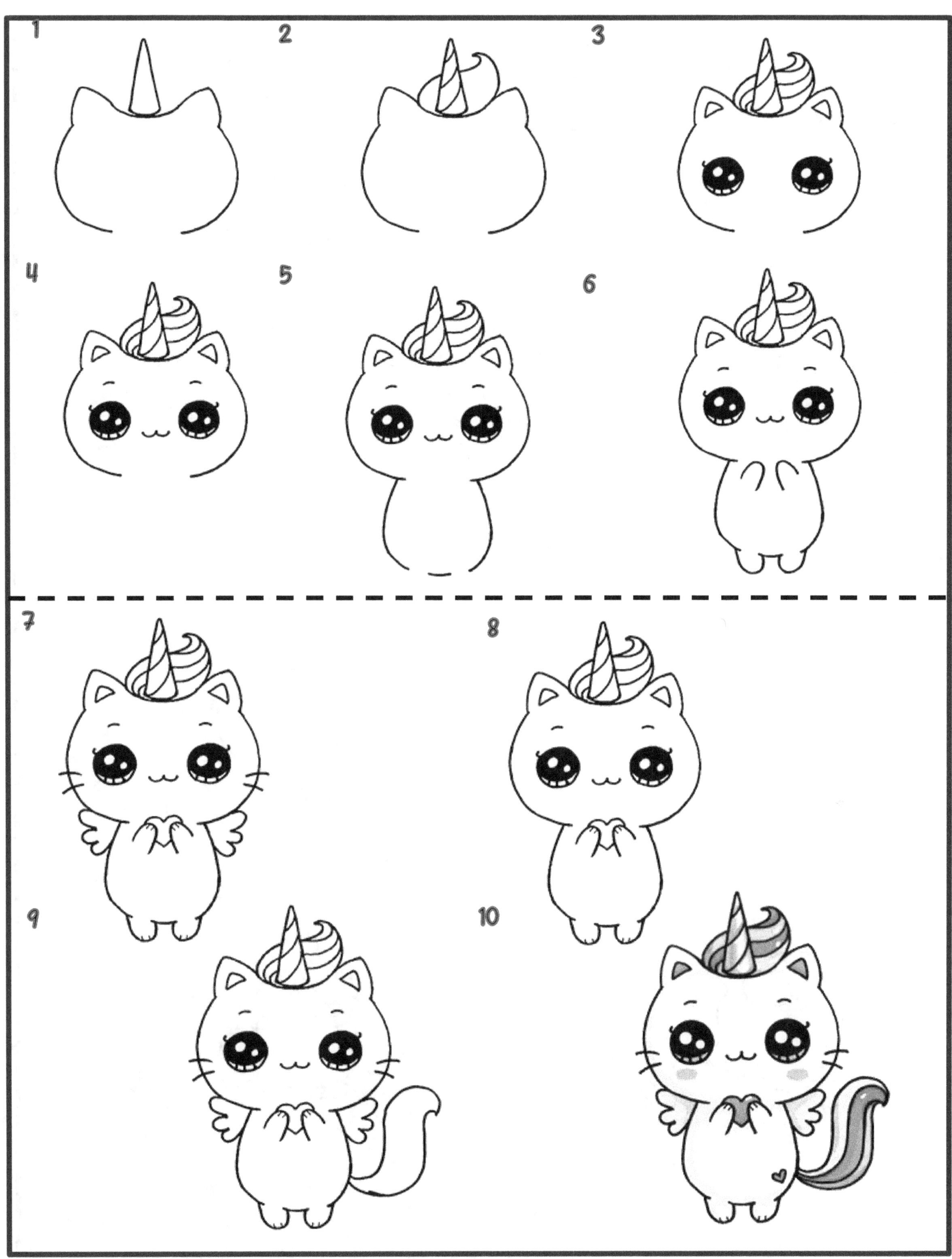

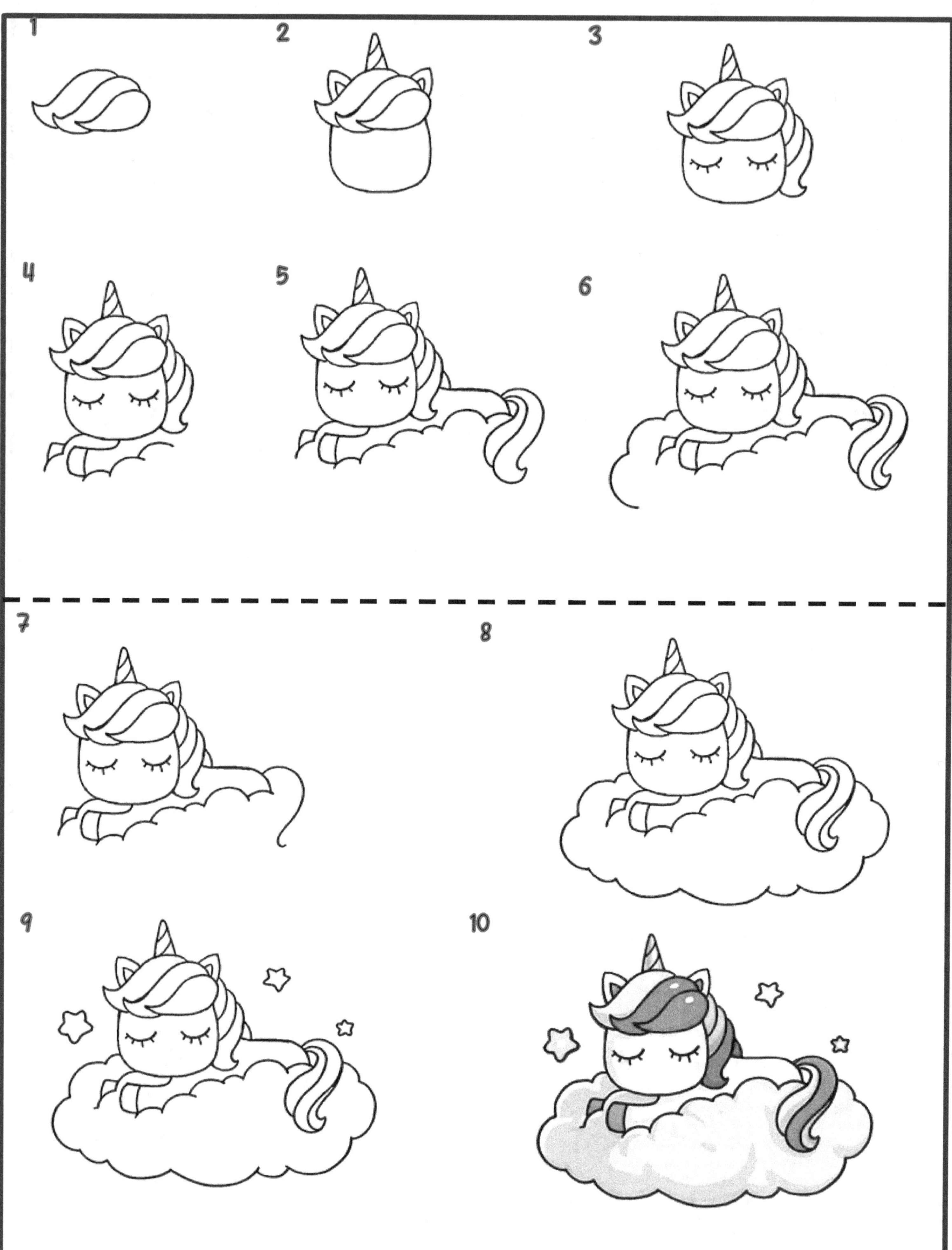

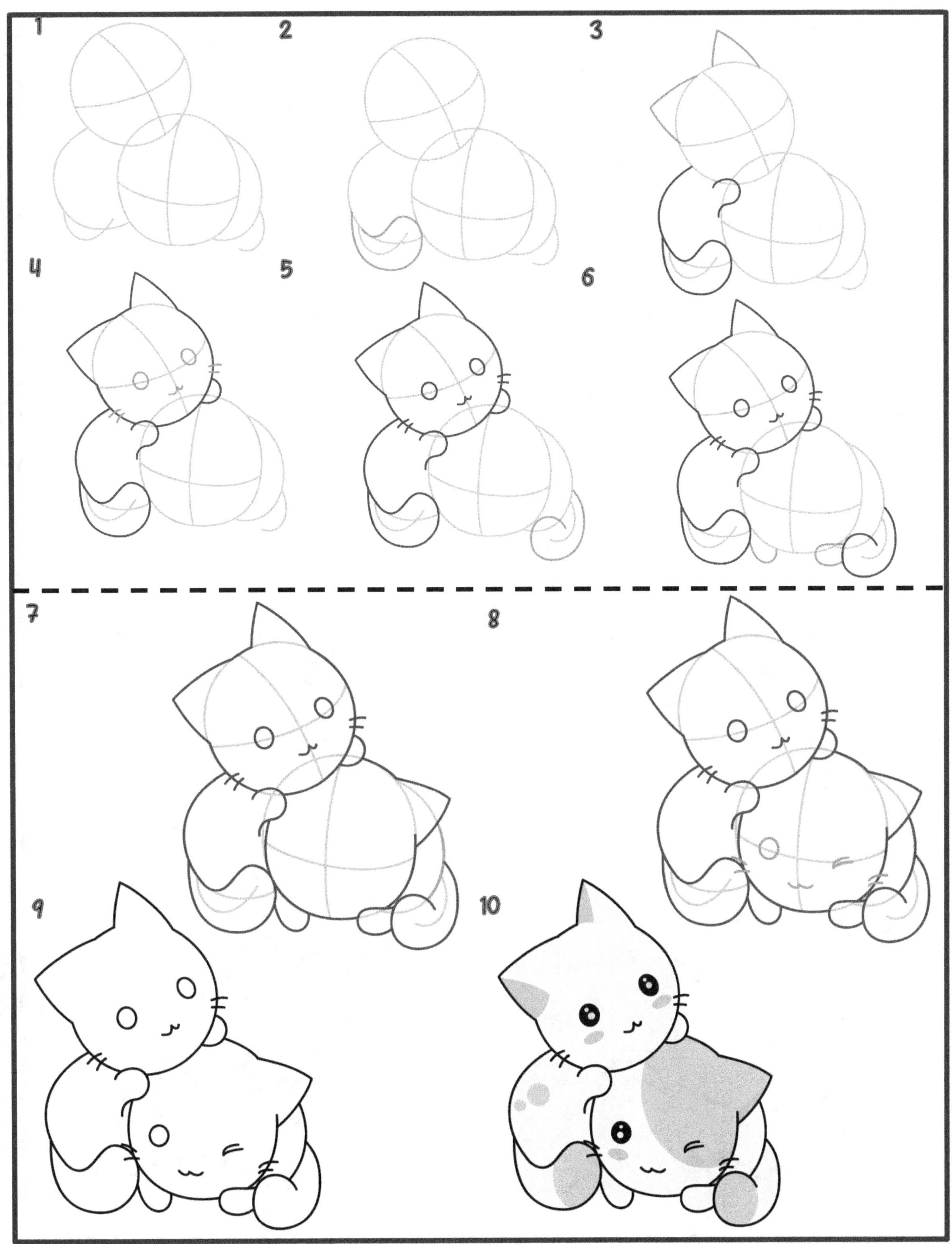

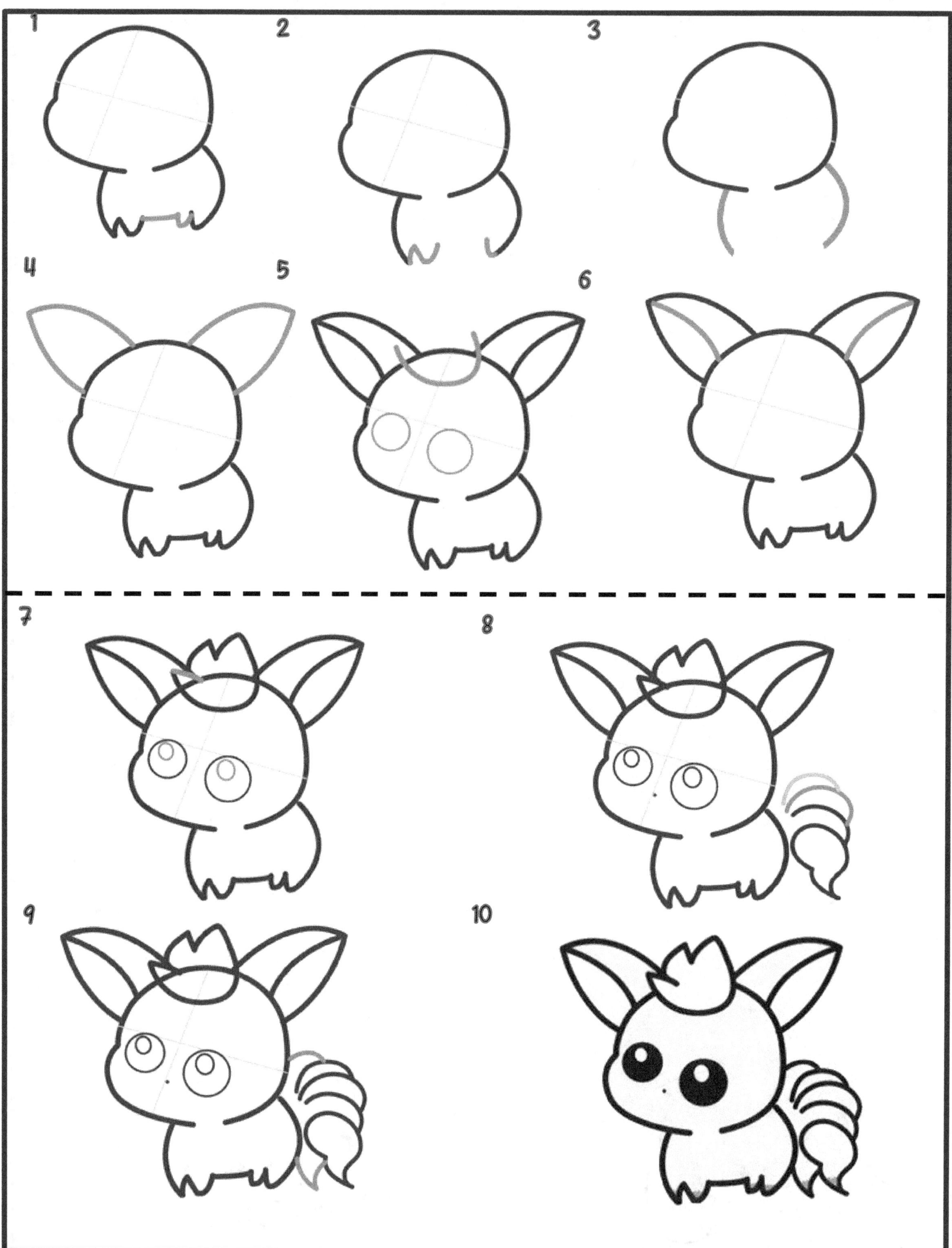

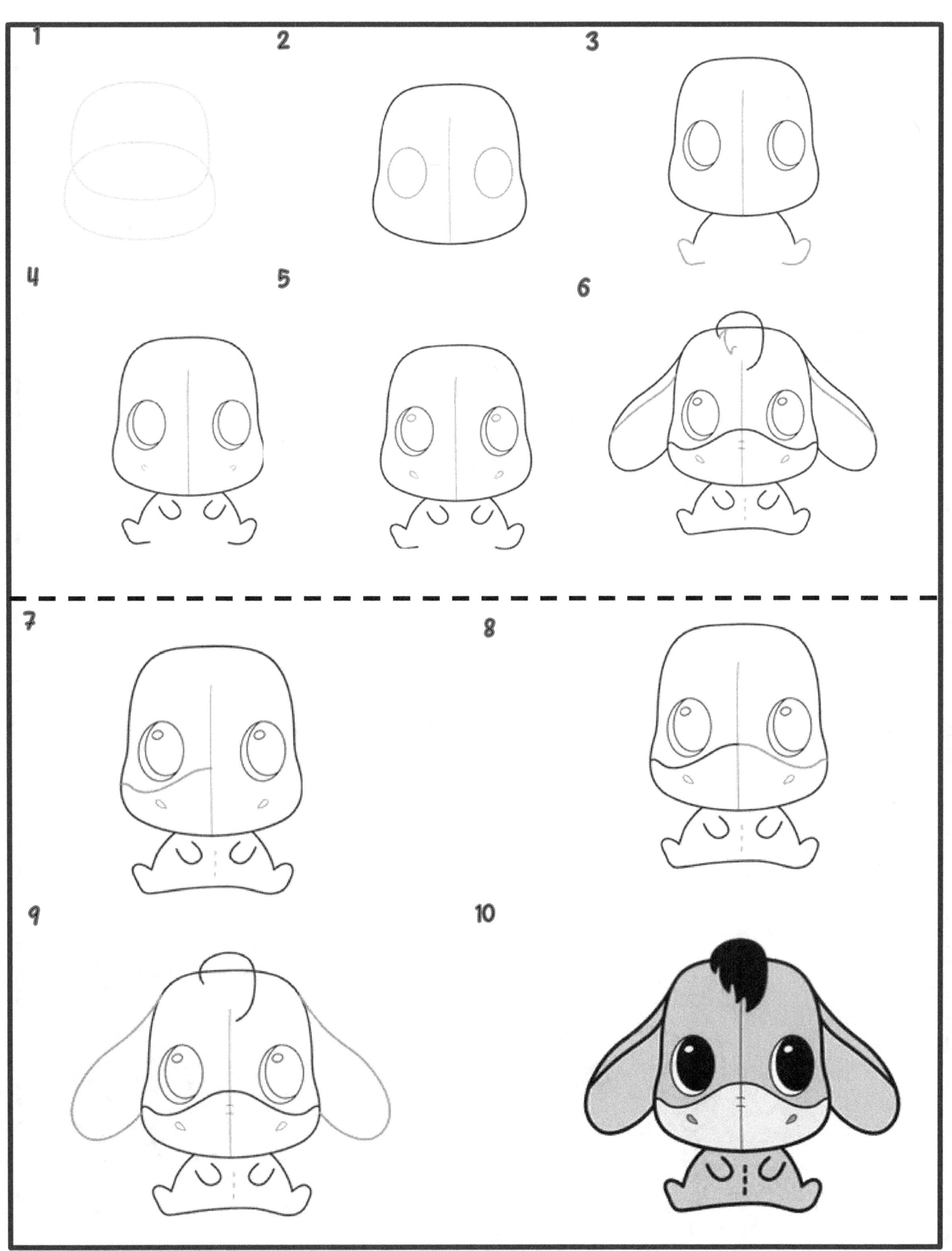

1
2
3
4
5
6
7
8
9
10

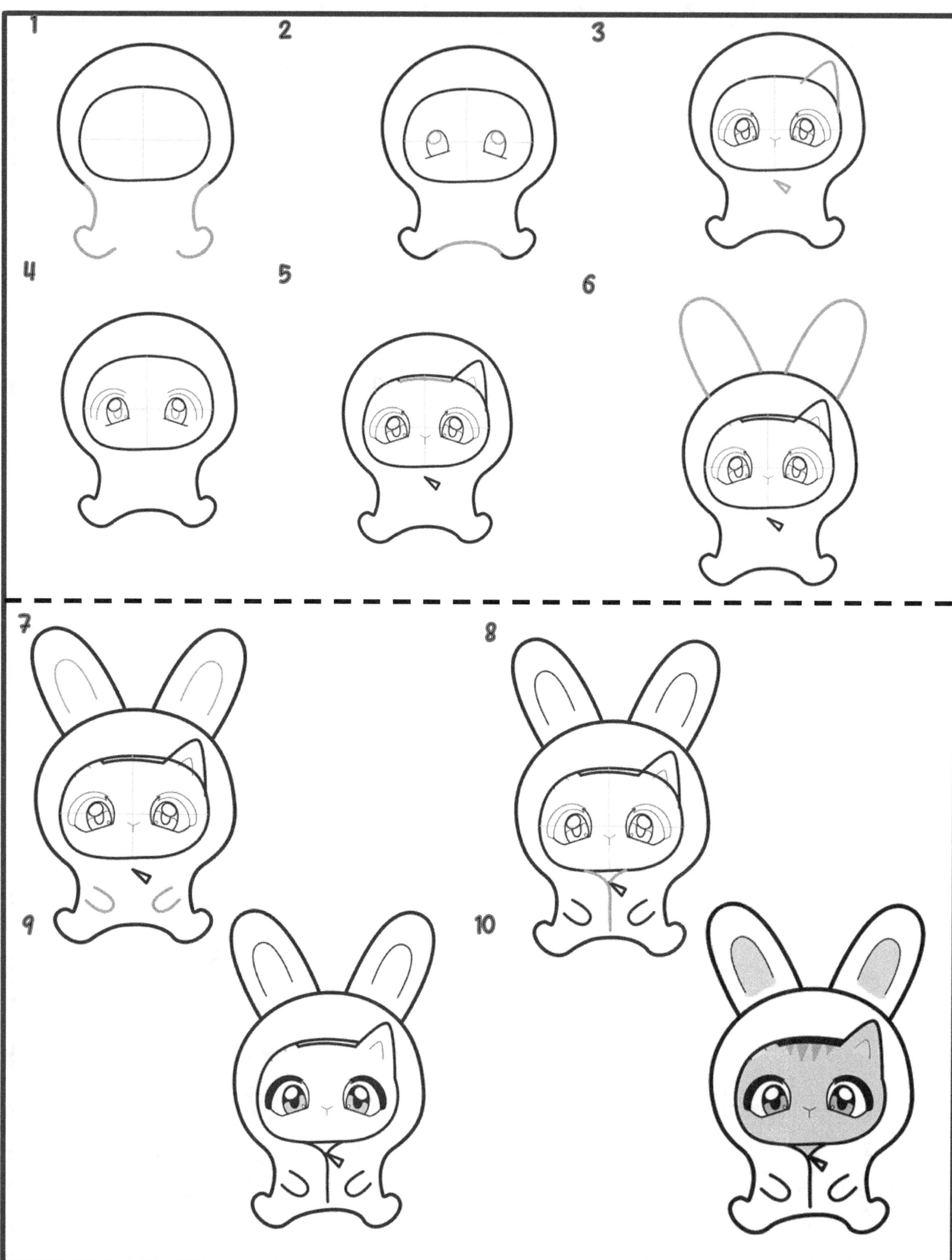

1
2
3
4
5
6
7
8
9
10

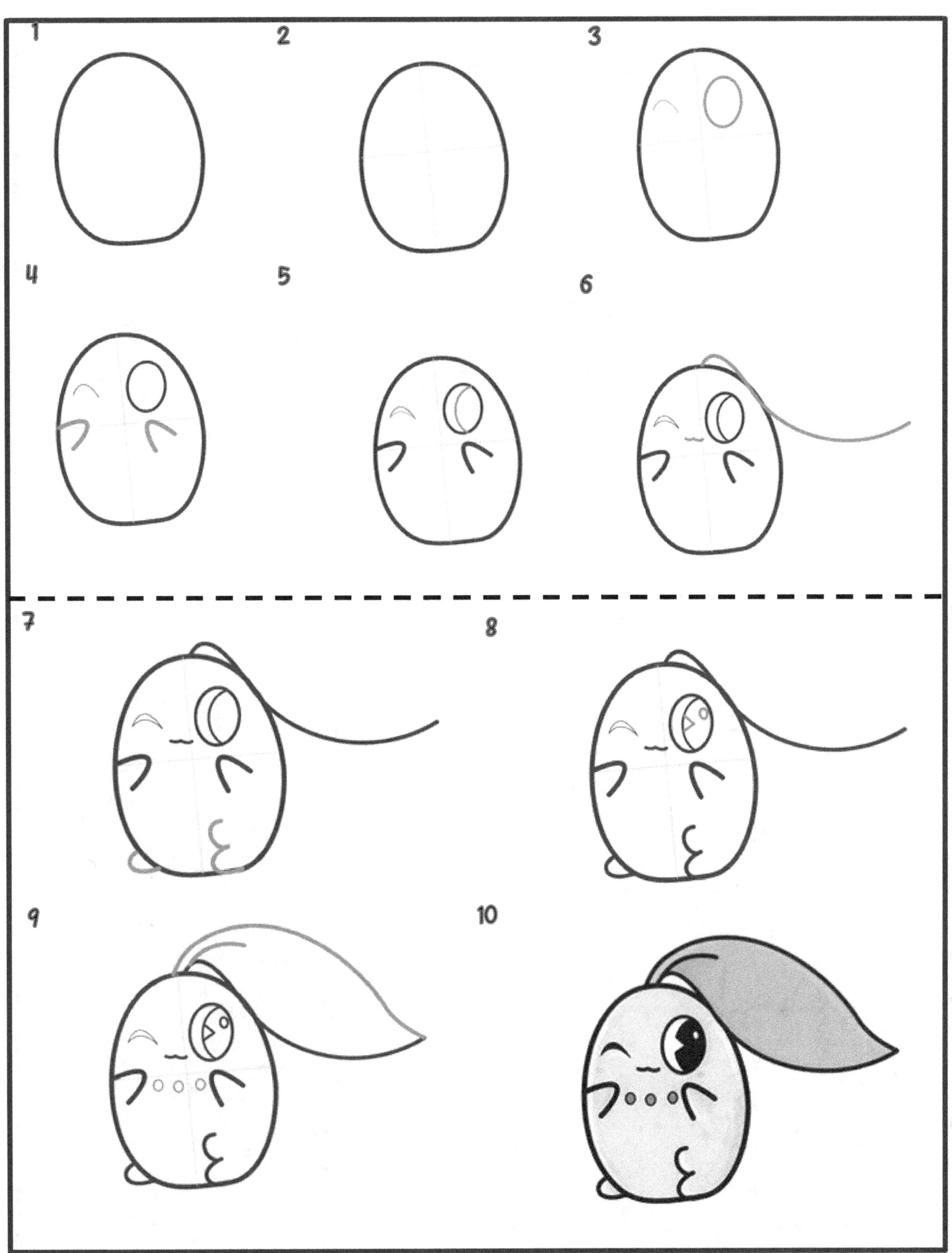
1
2
3
4
5
6
7
8
9
10

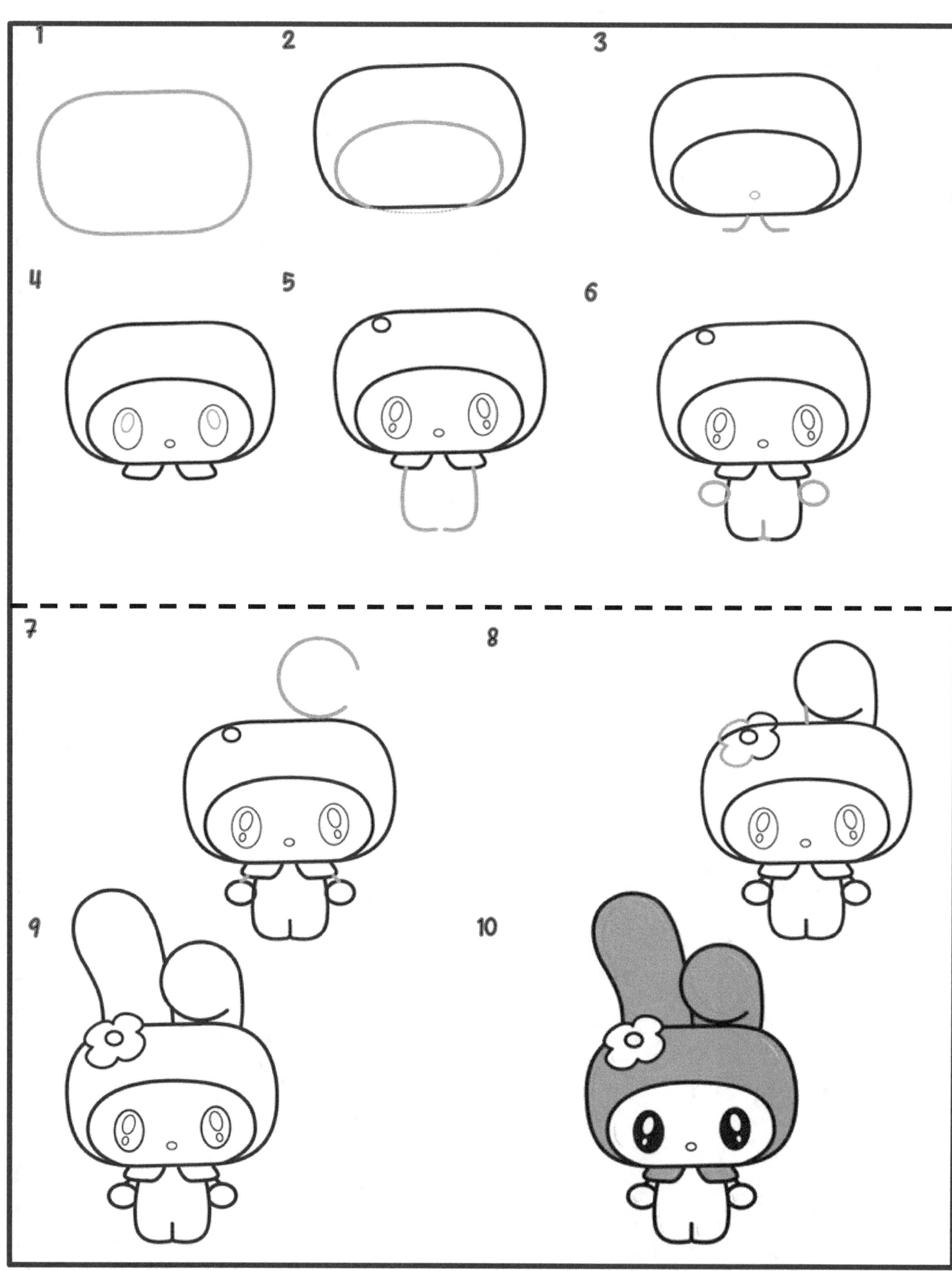
1
2
3
4
5
6
7
8
9
10

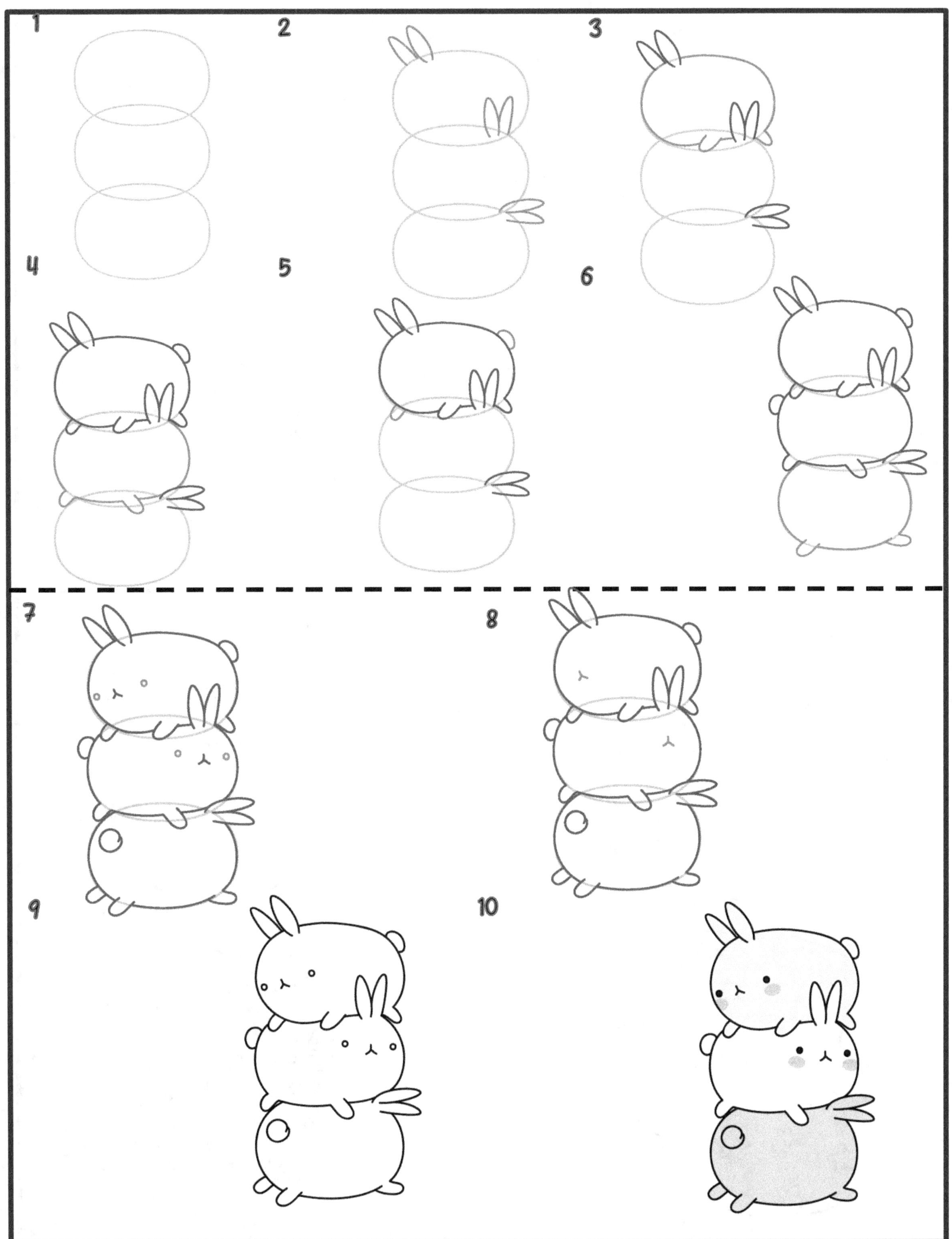

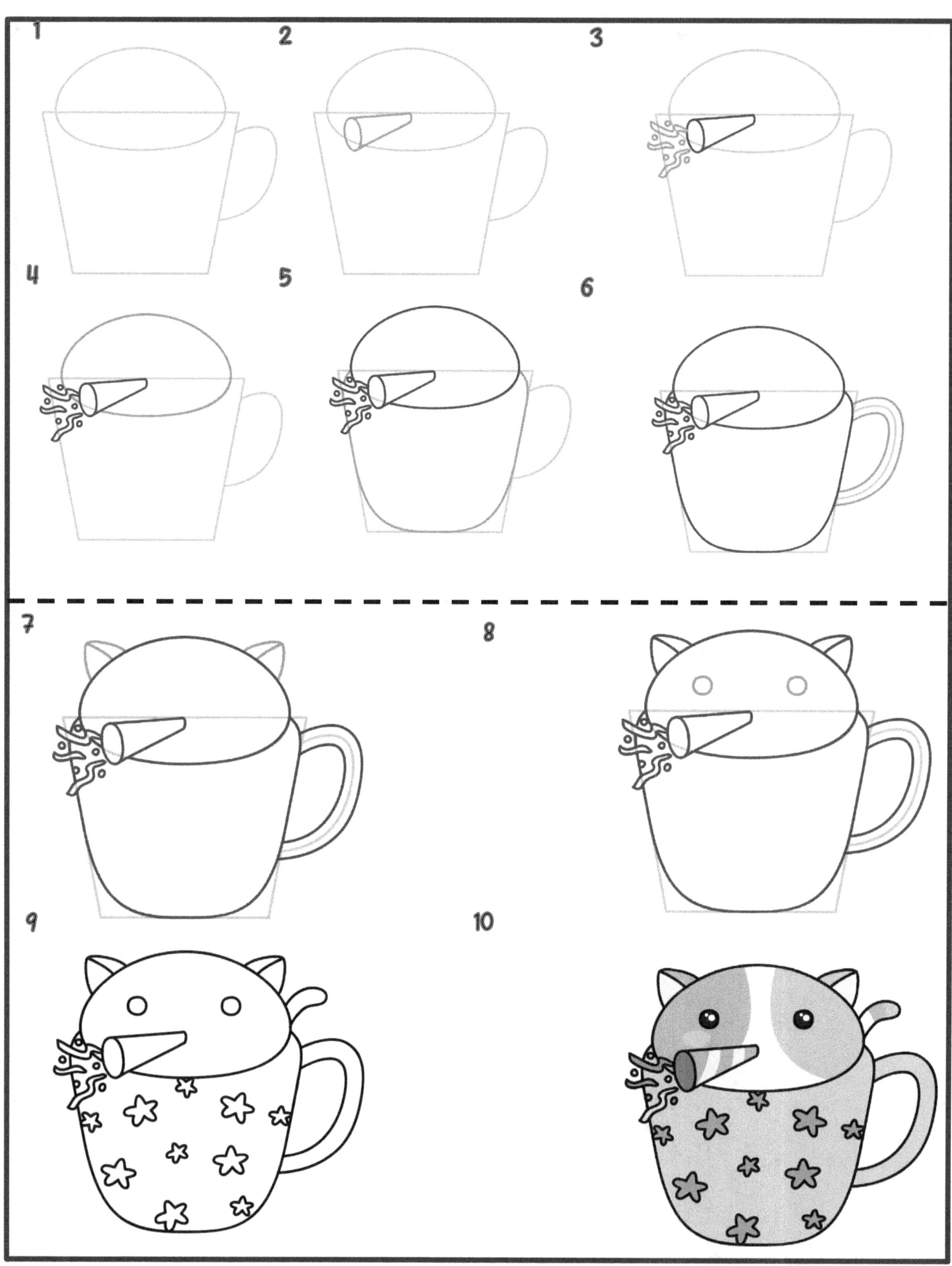

1
2
3
4
5
6
7
8
9
10

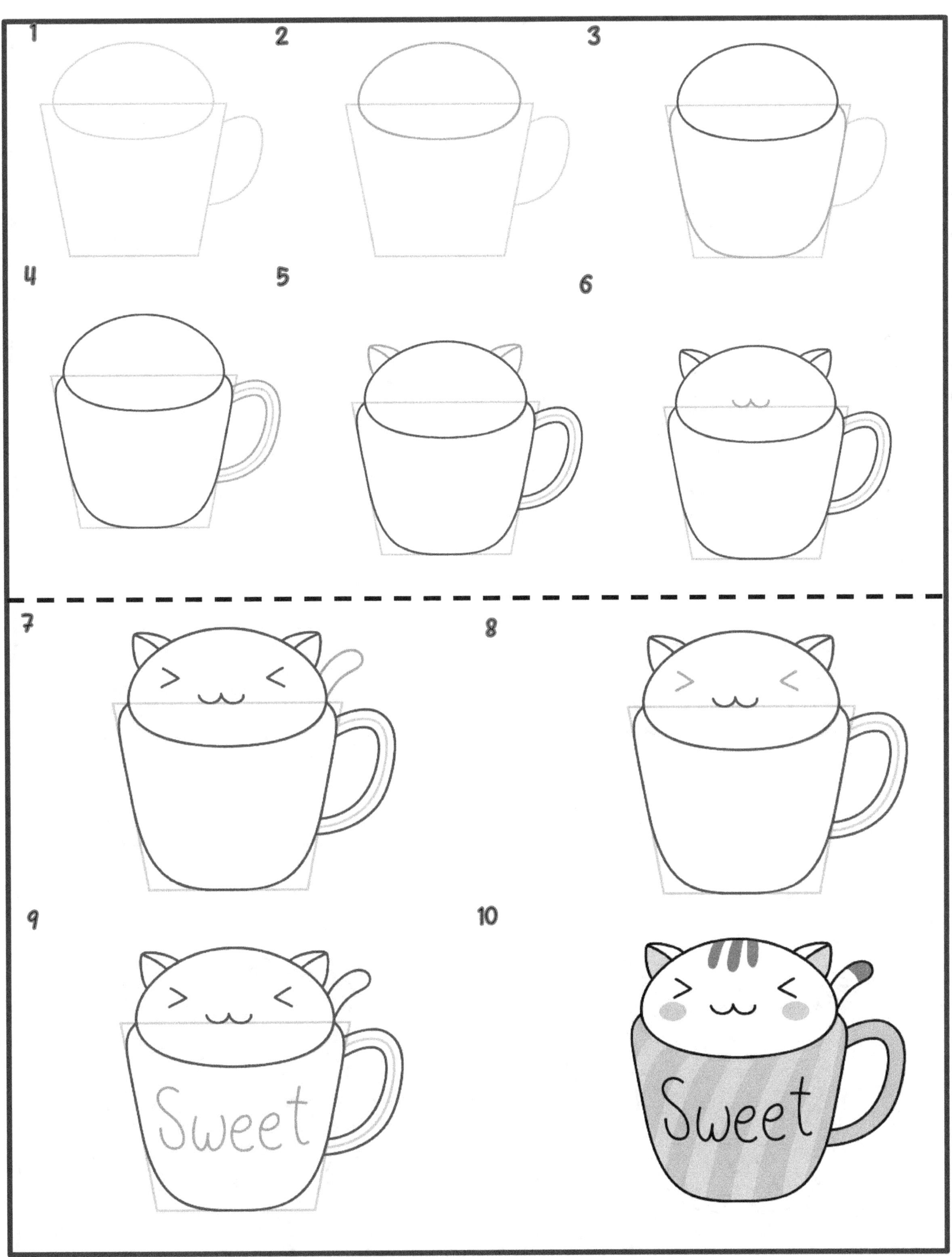

1
2
3
4
5
6
7
8
9
10
Sweet
Sweet

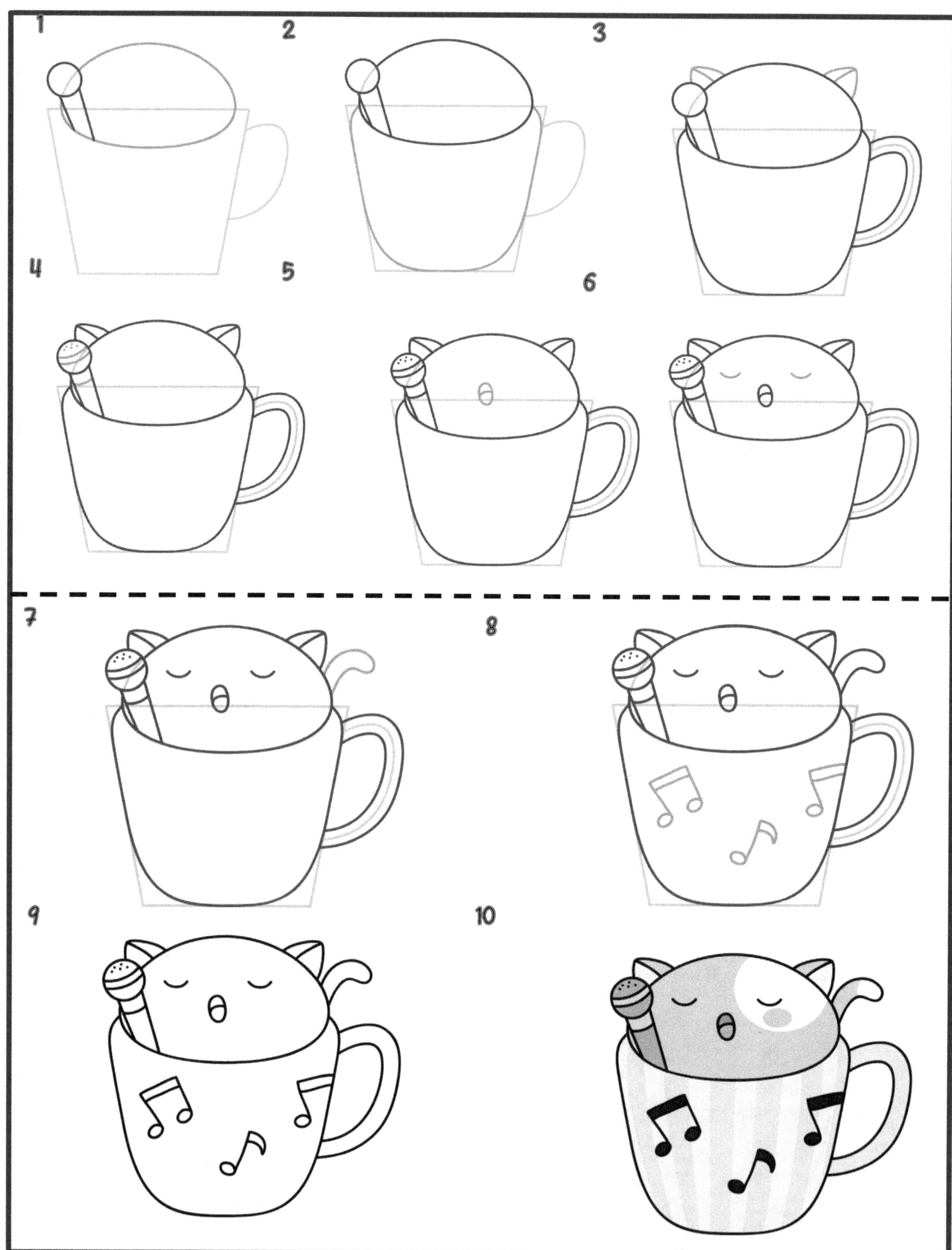

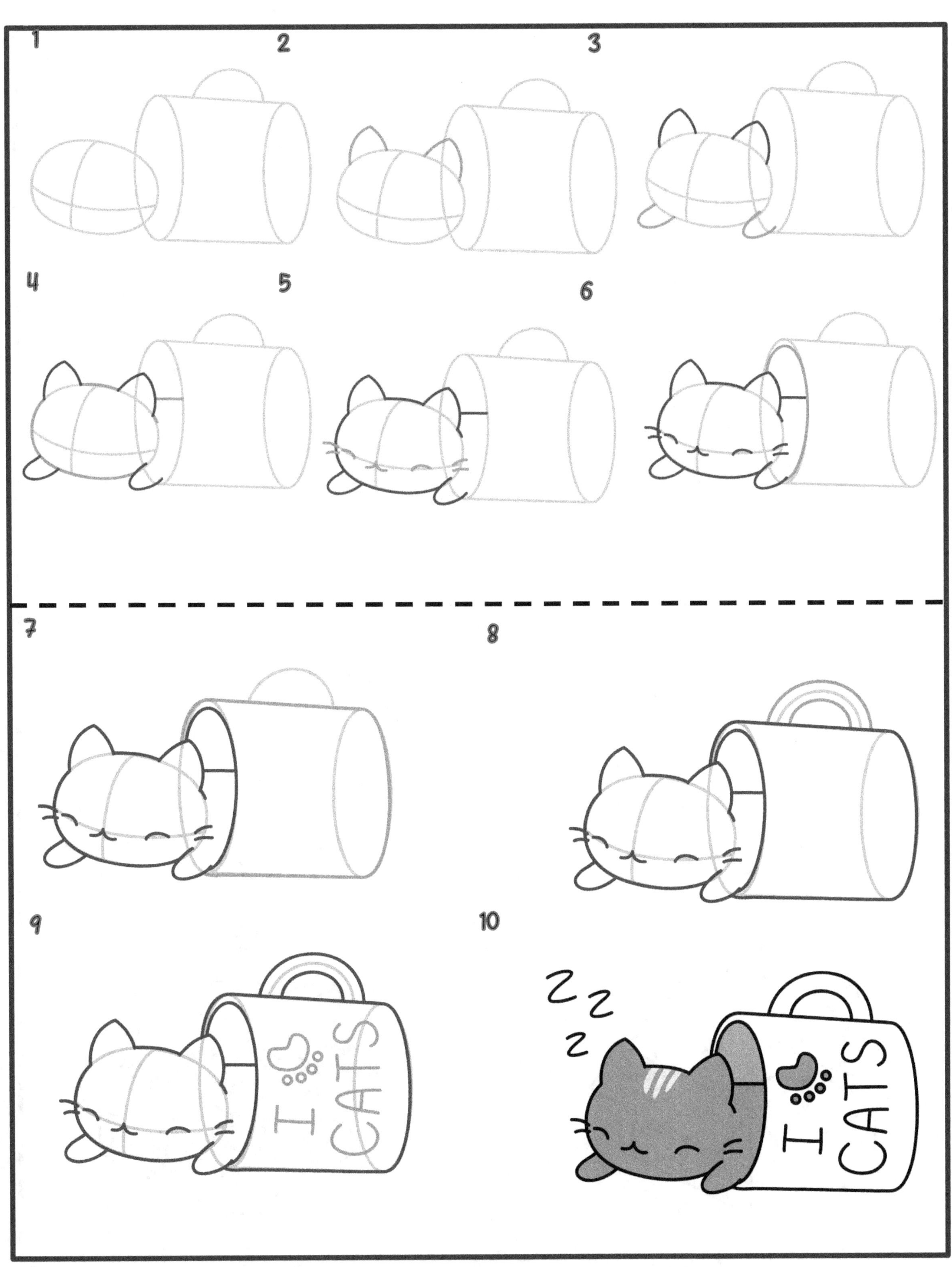

1
2
3
4
5
6
7
8
9
10
I CATS
I CATS

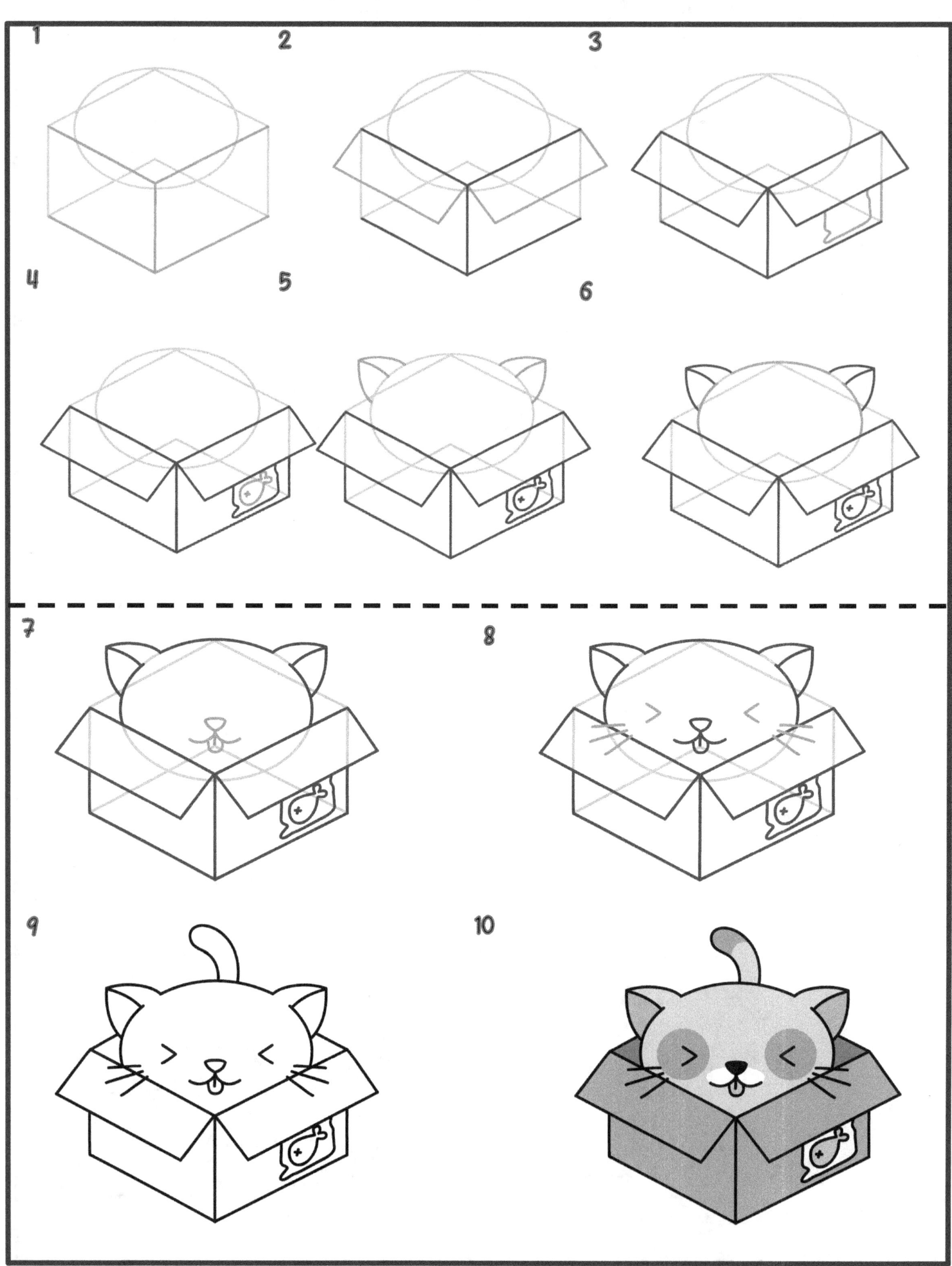

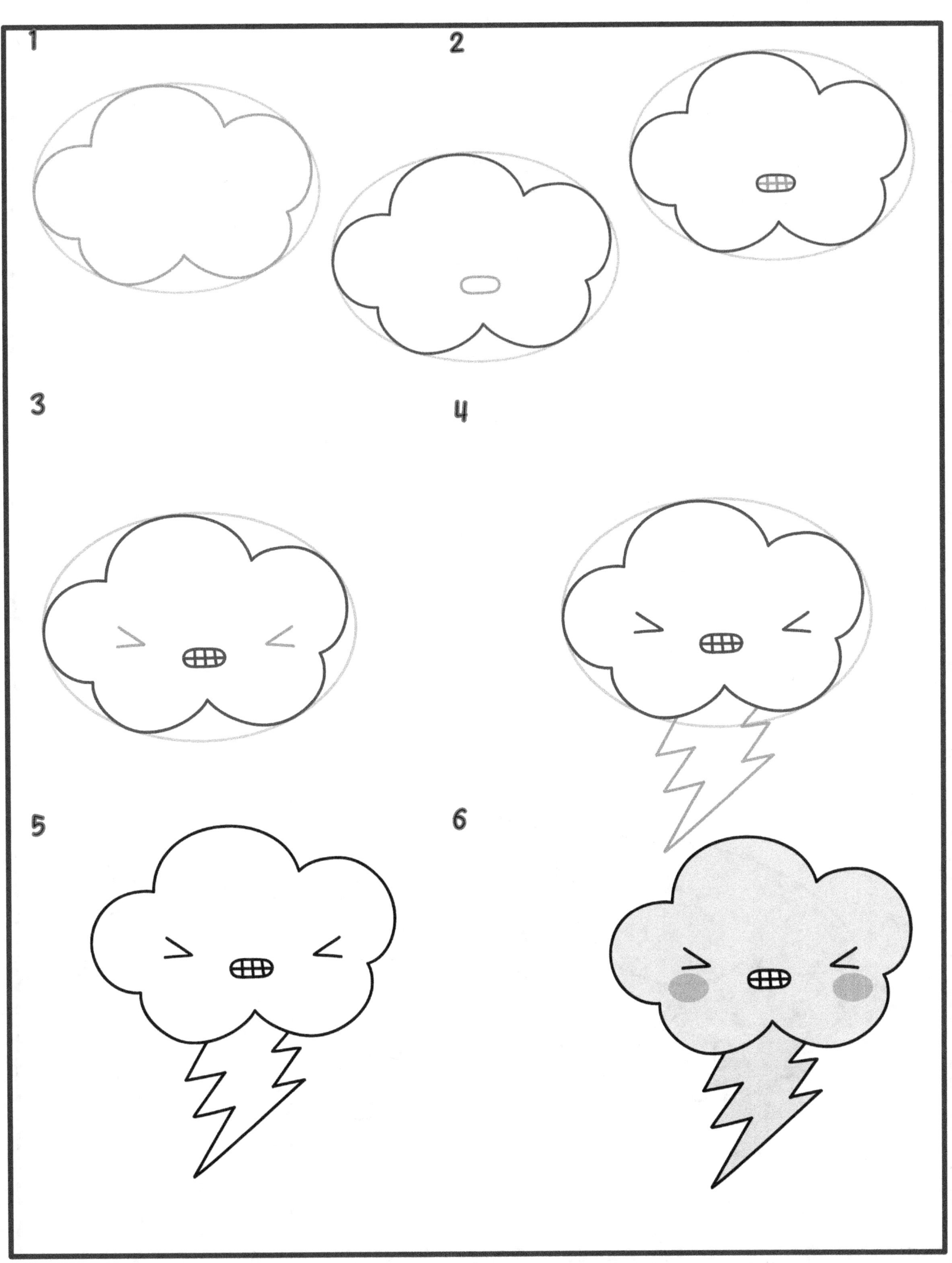

1

2

3

4

5

6

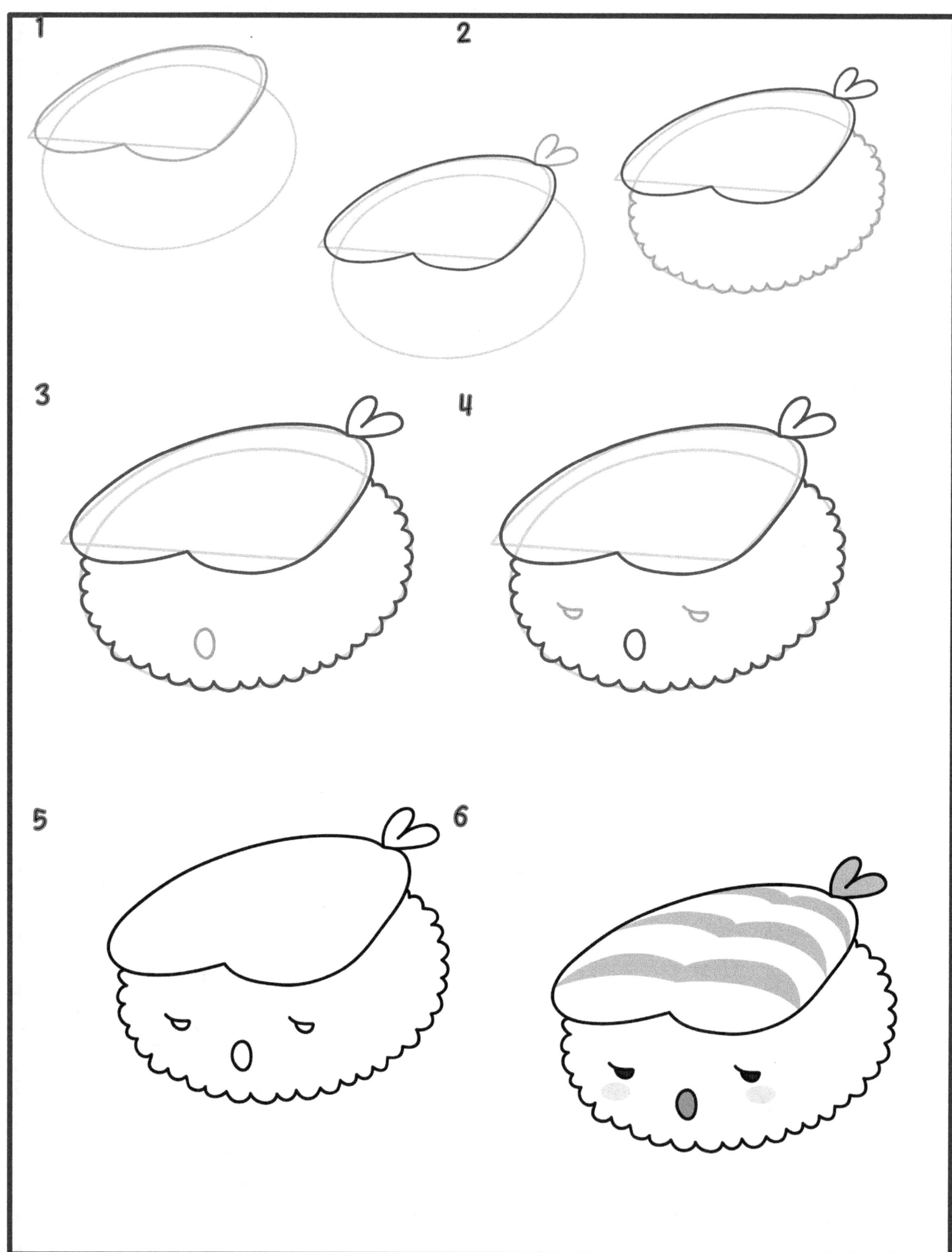

1
2
3
4
5
6

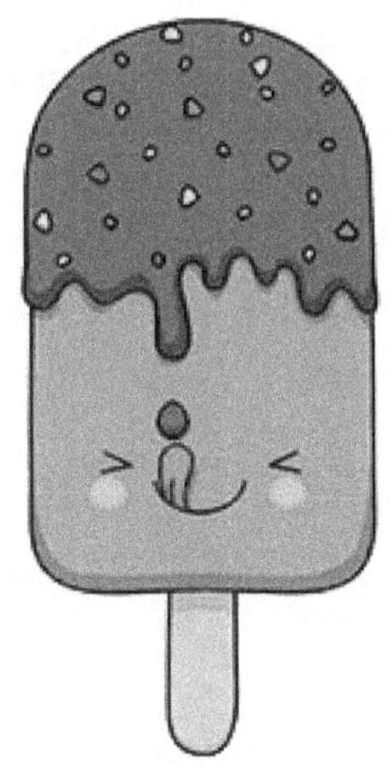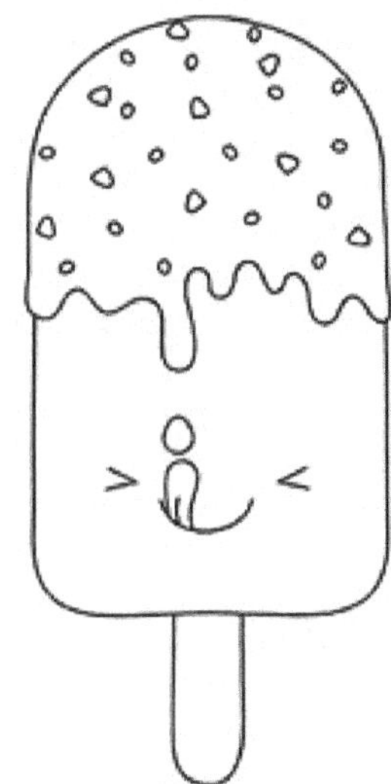

GRACIAS POR ELEGIR ESTE LIBRO. ESPERAMOS QUE HAYAS DISFRUTADO CADA PÁGINA DE ESTE LIBRO Y HAYAS APRENDIDO A DIBUJAR PASO A PASO Y CREAR TU PROPIO ARTE.

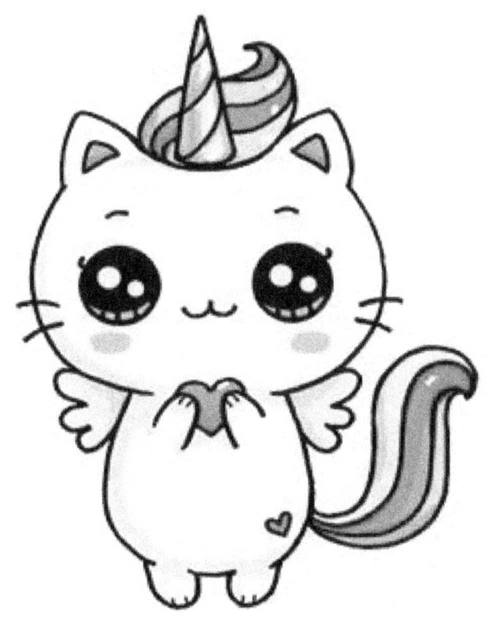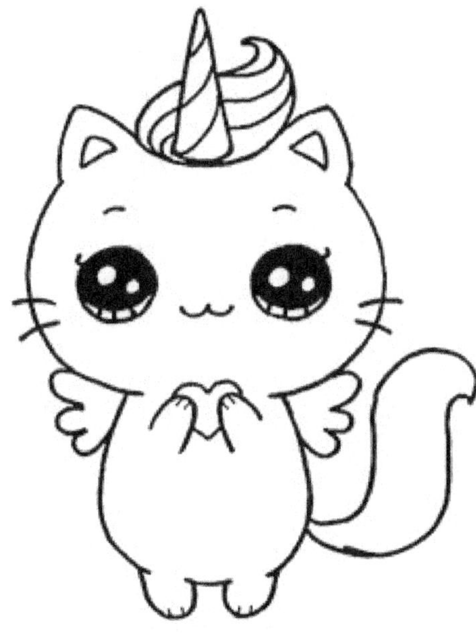